Cura para la vida común

Encuentre SU lugar

MAX LUCADO

CARIBE-BETANIA
Una División de Thomas Nelson Publishers
The Spanish Division of Thomas Nelson Publishers
Since 1798 — desde 1798
www.caribebetania.com

Caribe-Betania Editores es un sello de Editorial Caribe, Inc.

Una subsidiaria de Thomas Nelson, Inc.
Nashville, TN, E.U.A.
www.caribebetania.com

Título en inglés: *Cure for the Common Life*

Publicado por W Publishing Group, a Division of Thomas Nelson, Inc.

Traducción: *Rolando Cartaya*

Diseño interior: *Grupo Nivel Uno, Inc.*

ISBN 0-88113-902-5

Impreso en E.U.A.
Printed in the U.S.A.
5ª Impresión

Dedicatoria

Denalyn y yo dedicamos con gozo este libro

a Doug Kostowski.

Amigo y mentor.

En parte a Merlín, pero más a Arturo.

Por los tres años en que nosotros

y la luna de Miami contemplamos

esos reflejos de Camelot.

Por esos momentos majestuosos,

te damos las gracias.

Esta es la Palabra de Dios sobre el tema: «Yo sé los pensamientos que tengo acerca de vosotros, dice Jehová, pensamientos de paz, y no de mal, para daros el fin que esperáis».

Jeremías 29.10–11

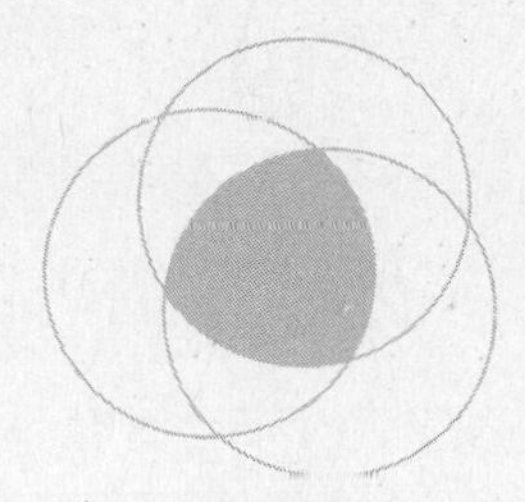

Contenido

Reconocimientos

Cuando andaba perdido, ellos tenían respuestas; cuando me obstinaba, tenían paciencia; si me atascaba en desfiladeros sin salida, traían un helicóptero y me sacaban. ¿Qué sería de mí sin esta red de apoyo?

Art Miller y los muchachos de People Management, Inc. Tan desinteresados con sus conocimientos y generosos con su tiempo. Gracias a ustedes, decenas de miles de nosotros conocemos mejor nuestros propósitos y a nuestro Creador. Gracias, queridos amigos.

Rick Wellock. Un agradecimiento especial por sus esfuerzos para ayudarme a reorientarme.

Scott y Ann Hanson. Si nuestra corta colaboración sólo hubiera existido para este descubrimiento, habría valido la pena. Que Dios les bendiga y fortalezca siempre.

Karen Hill y Liz Heaney. Deben crear su propia línea de monederos: seguro que ustedes sabrán hacerlos con estas orejas de cerdo que les he dado. Ustedes son los mejores.

Laura Kendall y Carol Bartley. Llegan en silencio marchandro detrás de los carpinteros, estabilizando el marco con martillos de gramática y cintas métricas para los errores. ¡Ustedes me asombran!

Steve y Cheryl Green. Dios hizo el cielo infinito para que yo tuviera tiempo suficiente de dar gracias por su amistad leal y equilibrada.

Susan Perry y Jennifer McKinney. Dos ángeles de visita en la tierra que mantienen funcionando nuestra oficina.

Greg y Susan Ligon. Gracias por su visión y su supervisión de todo lo que tiene que ver con Max Lucado.

Al personal de UpWords: Tina Chisholm, Becky Bryant, y Margaret Mechinu. El mejor trío del planeta. Gracias por todo lo que hacen.

A los equipos de W y Thomas Nelson. Si los editores tuvieran un campeonato, ustedes formarían una dinastía de campeones. Gracias por permitirme vestir con elegancia.

A los ancianos, el personal y la familia de la iglesia de Oak Hills. En un día caluroso de verano un álamo es sombra. Que muchos puedan hallar descanso al abrigo de ustedes. Yo lo encontré.

Mis hijas: Jenna, Andrea y Sara. Ustedes siempre han sido más atractivas que papá. Ahora son también más inteligentes. Y él no podría sentirse más orgulloso.

Mi esposa: Denalyn. Dios le envió el maná a Moisés, el fuego a Elías, un ángel a Pedro, y Denalyn a Max. Quienes dudan de los milagros no tienen más que mirar mi álbum de bodas.

Y a Dios, mi Diseñador. Te doy gracias por escribir tu historia en mi vida a pesar de mis rebeldías por escribir la mía.

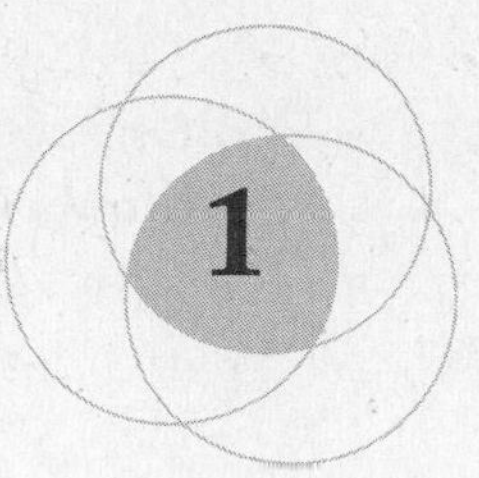

Su lugar. (¡Usted tiene uno!)

Pero a cada uno le es dada la manifestación
del Espíritu para provecho.

1 Corintios 12.7

«Punto óptimo». Los jugadores de golf entienden el término. También los tenistas. ¿Bateó alguna vez una pelota de béisbol o le pegó con la raqueta a una de ping-pong? Si lo ha hecho, conoce la agradable sensación del punto óptimo. Conéctese con esos preciosos centímetros de espacio y *¡kapow!* Las tecnologías colectivas del universo pondrán en órbita la pelota, dejándole a usted tartamudo y con los ojos abiertos como platos. No sentirá calambres en el brazo ni la pelota se desviará. Su pareja recordará siempre su cumpleaños, la devolución del dinero de sus impuestos llegará temprano, y la azafata le escoltará hacia un asiento en primera clase. La vida en el punto óptimo rueda feliz como una bicicleta cuesta abajo.

Pero para saberlo usted no necesita empuñar un bate de béisbol o un palo de golf. Lo que los ingenieros aportan a los equipos e instrumentos deportivos, Dios se lo ha dado a usted. Una zona, una región, un recinto que fue destinado a habitar cuando le crearon. Él diseñó el contorno de su vida para que llenara un espacio vacío en Su rompecabezas. Y cuando usted encuentra su punto óptimo la vida se hace muy agradable. Pero, ¿cómo encontrarlo? ¿Dónde deberá ir? ¿Qué píldoras mandará a pedir, qué clases tomará, qué comercial verá? Nada de eso. Bastará con que explote...

Su singularidad.

Da Vinci pintó una *Mona Lisa.* Beethoven compuso una Quinta Sinfonía. Y Dios hizo una versión de usted. Le diseñó especialmente para encomendarle una misión única. Explote como un buscador de oro las singulares pepitas de su vida, esas que son exclusivas de usted.

Cuando yo tenía seis años, mi padre nos construyó una casa. Las revistas de arquitectura no se enteraron, pero mamá, sin duda que sí. Papá la levantó tabla por tabla, día tras día después de terminar su trabajo. Mi juventud no fue una excusa para que me encomendara una tarea. Me ciñó a la cintura un delantal para clavos, me colocó en la mano un imán y me envió a realizar diarias patrullas alrededor del sitio de construcción, durante las cuales debía portar mi imán a sólo centímetros del suelo.

Con una mirada a mis herramientas podía adivinarse mi trabajo. Recolector de clavos perdidos.

Con una mirada a sus herramientas se podría deducir lo mismo. Ladrillo por ladrillo, vida por vida, Dios está creando un reino, una «casa espiritual» (1 Pedro 2.5). Él le ha confiado en el proyecto una tarea clave. Examine sus herramientas y descúbrala. Sus capacidades revelan su destino. «Si alguno habla, hable conforme a las palabras de Dios; si alguno ministra, ministre conforme al poder que Dios da, para que en todo sea Dios glorificado por Jesucristo» (1 Pedro 4.11). Cuando Dios nos encomienda una tarea, también nos da la capacidad para realizarla. En consecuencia, estudie sus capacidades para que la tarea le sea revelada.

Fíjese en usted mismo. Su insospechada capacidad para las matemáticas. Su irrefrenable curiosidad por la química. Otros ven de reojo ciertos proyectos y bostezan; pero usted los lee y la boca se le hace agua. «Fui creado para hacer esto», se dice.

Siga esa música interior. Nadie la escucha como usted la escucha. Nadie más la oye como usted la oye.

En este mismo momento en otra sección del edificio de la iglesia donde estoy escribiendo, hay niños explorando sus herramientas. Las aulas de preescolar pueden sonarle a usted o a mí como una cacofonía. Pero en ellas, Dios escucha una sinfonía.

Un chico de cinco años está sentado ante una mesa sobre la cual hay creyones desparramados. Apenas habla. Sus condiscípulos terminaron hace un rato de colorear sus páginas, pero él aún está ensimismado en la suya. Los colores le compulsan. Le maravilla la paleta de verdes, azules y púrpuras. Con su obra maestra en las manos, irá corriendo donde mamá y papá, ansioso por mostrarles su Picasso de jardín de infantes.

Su hermana, sin embargo, olvida pronto su dibujo. Ella no consumirá el tiempo de regreso a casa en relatos sobre obras pictóricas. Ella contará cuentos. «¡La maestra nos enseñó un cuento nuevo hoy!» Y para repetirlo no necesitará que se lo pidan.

Dios nos ha entregado dones para que le demos a conocer.

A otro niño le interesan menos los dibujos y los cuentos, y le importan más las personas de su edad. Pasa el día con una expresión de «¡Hey, préstenme atención!», al frente de la clase, poniendo a prueba la paciencia de la maestra. Demanda atención, y provoca reacciones. Su tema parece ser: «Hagámoslo así. Vengan conmigo. Vamos a probar esto».

¿Actividades insignificantes a una edad insignificante? ¿O sutiles indicios de fuerzas escondidas? Yo creo que es esto último. El niño silencioso con su fascinación por los colores podría embellecer algún día con murales los muros de la ciudad. Su hermana podría escribir guiones para el cine, o enseñar literatura a curiosos condiscípulos. Y esa personalidad fuerte que hoy recluta seguidores un día podría hacer lo mismo representando un producto, a los pobres, o incluso a su iglesia.

Y usted ¿qué? Nuestro Creador nos encomienda tareas, «a cada uno conforme a su capacidad» (Mateo 25.15).[1] Tal como nos llama, nos equipa. Eche una mirada retrospectiva a su vida, ¿Qué cosa ha hecho coherentemente bien? ¿Qué es lo que siempre ha querido hacer? Deténgase en la intersección de sus deseos y sus éxitos y encontrará su singularidad.

Usted la tiene. Es una chispa divina.[2] Un llamado extraordinario a una vida extraordinaria. «A cada uno para provecho». (1 Corintios 12.7). Lo cual invalida la excusa «Yo no tengo nada que ofrecer». ¿Dijo el apóstol Pablo : «la manifestación del Espíritu les es dada a *algunos* de nosotros»...? ¿O que «la manifestación del Espíritu les es dada a *unos pocos* de nosotros»…? No. «A cada uno le es dada la manifestación del Espíritu para provecho». Ya basta de desvalorizarnos diciendo: «Yo no sé hacer nada».

Y basta también de su arrogante contrario: «Yo tengo que hacerlo todo». ¡No! ¡Usted no es la solución que tiene Dios para la sociedad, sino una solución en la sociedad! Imite a Pablo, que dijo que: «Nos gloriaremos... conforme a la regla que Dios nos ha dado por medida» (2 Corintios 10.13). Precise cuál es su contribución.

No se preocupe por las capacidades que no tiene. No anhele tener las fuerzas que otros tienen. Limítese a extraer su singularidad. «Que avives el fuego del don de Dios que está en ti» (2 Timoteo 1.6). Y para lograrlo...

Haga de Dios lo primero en su vida.

«Porque de él, y por él, y para él, son todas las cosas» (Romanos 11.36). ¿El último aliento que acaba de tomar? Dios se lo ha dado. ¿La sangre que acaba de pasar por su corazón? El mérito es de

Dios. ¿La luz bajo la cual lee y el cerebro con que procesa sus lecturas? Él le ha entregado ambas cosas.

Todo procede de Él... y existe por Él. Existimos como una forma de exhibir a Dios, de desplegar su gloria. Servimos como lienzos para sus pinceladas, como papel para su pluma, como terreno para sus semillas, esbozos de su imagen.

Las camisetas de los fanáticos del equipo de fútbol americano A&M son nuestro modelo. En las postrimerías del 11 de septiembre de 2001, muchos estadounidenses buscaron la oportunidad de demostrar su patriotismo y su solidaridad. Cinco estudiantes de Texas A&M tomaron la iniciativa. Designaron rojo, azul y blanco el siguiente partido en el estadio de su centro de estudios, y les vendieron camisetas en esos colores a cada uno de los 70,000 asistentes. El estadio Kyle Field se convirtió en una bandera humana: los del tercer balcón vestían de rojo, los del segundo, de blanco y los de las graderías bajas, de azul. Los diarios de todo el país publicaron las fotos en sus primeras planas.[3]

Deténgase en la intersección de sus deseos y sus éxitos y obtendrá su singularidad.

¡Y claro que era noticia! ¿Cuántas veces se reúnen miles de personas para proyectar un mensaje singular y poderoso? Dios nos formó para que hiciéramos lo mismo por Él. «A cada uno le es dada la manifestación del Espíritu para provecho» (1 Corintios 12.7). Él no distribuye camisetas, sino dones. Envía a su pueblo no a las graderías de sol, sino a misiones en la vida: «Ocupa tu lugar. Exhibe tus habilidades. Despliega mi bondad».

La mayoría se niega. Son pocos los que cooperan. Aceptamos el presente, pero nos olvidamos de su propósito. Aceptamos los dones (gracias por ellos), pero ignoramos al Dador y nos promovemos a nosotros mismos. Algunos hasta desfilamos por los pasillos gritando: «Hey, mírenme a mí!»

¿Necesita alguna explicación de la anarquía en el mundo? La acaba de leer. Cuando usted coloca sus dones en el escenario, y yo inflo mi imagen, y a nadie le importa un bledo honrar a Dios, ¿podemos acaso esperar algo menos que el caos?

Dios nos ha entregado dones para que le demos a conocer. Punto. Dios dota al atleta olímpico de velocidad, al vendedor de ingenio, al cirujano de pericia, ¿Para qué? ¿Sólo para ganar medallas de oro, cerrar ventas o sanar cuerpos? Sí, pero sólo en parte.

La gran respuesta consiste en elaborar una gran lista de cosas por hacer dedicadas a Dios. Enarbolarlo. Anunciarlo. «Cada uno según el don que ha recibido, minístrelo a los otros, como buenos administradores de la multiforme gracia de Dios... *Para que en todo sea Dios glorificado por Jesucristo*» (1 Pedro 4.10–11).

Vivamos de modo que «en todo sea Dios glorificado por Jesucristo, a quien pertenecen la gloria y el imperio por los siglos de los siglos. Amén!» (1 Pedro 4.11) Proclame con su singularidad a Dios. Cuando usted magnifica con sus dones a su Creador, cuando su contribución enriquece la reputación de Dios, sus días se vuelven súbitamente agradables. Y para poder dulcificar realmente su mundo, debe utilizar su singularidad a fin de convertir a Dios en lo primero...

Cada día de su vida.

El almanaque del cielo tiene siete domingos por semana. Dios santifica cada día. Él realiza su santa labor a toda hora y en todo lugar. Él hace extraordinario lo común al convertir en santuarios los fregaderos, en conventos los cafés, y en aventuras espirituales las jornadas laborales de 8 horas.

¿Jornadas laborales? Sí, jornadas laborales. Él ordenó el trabajo suyo como algo bueno. Antes de dar a Adán una esposa o un hijo, aun antes de cubrir su desnudez, Dios le dio un trabajo. «Tomó, pues, Jehová Dios al hombre, y lo puso en el huerto de

Edén, para que lo labrara y lo guardase» (Génesis 2.15). La inocencia, no la indolencia, caracterizó a la primera familia.

Dios ve el trabajo conforme a su propio mandamiento inscrito en las tablas de la ley: «Seis días trabajarás, mas en el séptimo día descansarás» (Éxodo 34.21). De ese versículo, nos gusta la segunda mitad. Pero el énfasis en el día de descanso puede hacernos ignorar el mandamiento de trabajar: «Seis días *trabajarás*». No importa si usted trabaja en su hogar o en el mercado, su trabajo es importante para Dios.

Su habilidad revela su destino.

Y es también importante para la sociedad. ¡Le necesitamos! Las ciudades necesitan plomeros. Las naciones, soldados. Los semáforos se descomponen. Los huesos se fracturan. Necesitamos quien repare los primeros y haga sanar los segundos. Alguien tiene que criar a los hijos y luego criar a los hijos de los hijos.

Cuando usted empieza a trabajar o se va a descansar, está imitando a Dios. El propio Jehová trabajó durante los seis primeros días de la Creación. Dijo Jesús: «Mi Padre hasta ahora trabaja, y yo trabajo» (Juan 5.17). Su carrera consume la mitad de su vida, ¿No debería revelarnos a Dios? ¿No pertenecen también a Él esas 40 a 60 horas semanales?

La Biblia nunca promueve que seamos maniáticos del trabajo o adictos a determinado empleo como remedio para el dolor. Pero Dios llama en forma unilateral a todos los que están físicamente aptos para cuidar de las huertas que les ha encomendado. Dios honra el trabajo. Y con el suyo, usted debe honrar a Dios. «No hay cosa mejor para el hombre sino que coma y beba, y que su alma se alegre en su trabajo» (Eclesiastés. 2.24).

Acabo de escuchar una queja.

«Pero, Max», objeta alguien, «mi trabajo es simplemente eso: ¡trabajo! Paga mis cuentas, pero entumece mi alma». (Usted se encuentra a sólo unas páginas de encontrar ayuda.)

«¿Satisfacción en el trabajo? ¿Qué tal supervivencia? ¿Cómo puedo sobrevivir a un trabajo para el que no estoy capacitado?» (Tengo algunas ideas.)

«No puedo imaginarme cómo encontraría esa habilidad en mí». (Al final de este libro sabrá cómo.)

«¿Honrar a Dios? ¿Después del desastre que he hecho con mi vida?» (No se pierda el capítulo sobre la misericordia.)

Por el momento, he aquí la idea general:

Utilice su singularidad (lo que usted hace)
Para hacer de Dios lo primero (por qué lo hace)
Todos los días de su vida (cuándo lo hace).

En la confluencia de los tres, encontrará la cura para la vida común: su punto óptimo.

El punto óptimo, ¿Sabía usted que tiene uno? Su vida tiene una trama; sus años, un tema. Usted puede hacer ciertas cosas en una forma que nadie más puede. Y cuando las conozca, y las haga, otro punto óptimo se habrá descubierto. Busquemos el suyo.

Sección primera

PONGA EN ACCIÓN SU SINGULARIDAD

para hacer de Dios lo primero
cada día de su vida.

Sucesivas cosechas de algodón habían agotado los suelos del sur de los Estados Unidos. Después de la Guerra Civil los agricultores enfrentaban tierras baldías y cosechas famélicas. George Washington Carver, profesor del Instituto Tuskegee, en Alabama, ofrecía una solución. Rotemos los cultivos y restauremos al suelo su contenido de nitrógeno y su fertilidad. Sembremos batatas, frijol de carita, soya y, sobre todo, maní (cacahuates). Pero Carver no alcanzaba a convencer a los granjeros.

Para lograrlo, sería necesaria una plaga.

De México llegó en enjambres el gorgojo del algodón, a través de Texas, hacia Louisiana y Mississippi. Para 1915 esta infestación de los algodonales había llegado a Alabama. Carver vio en la plaga su oportunidad. «Quemen sus algodonales infestados» clamó, «y siembren maní».

Pero, ¿quién le haría caso?

Una anciana viuda tocó a su puerta. Después de la siembra y la cosecha, le habían quedado cientos de kilos de cacahuates ociosos. Y no era la única. Carver descubrió otros graneros abarrotados. El cacahuate se estaba pudriendo en los campos por falta de mercado.

Años más tarde, Carver recordaría cómo se había retirado a su sitio favorito del bosque, rogando a Dios que le concediese sabiduría.

> «Oh, Señor creador», clamé, «¿por qué hiciste este universo?»
> Y el creador me respondió: «Quieres saber demasiado para tu mente tan pequeña. Pregúntame algo más ajustado a tu tamaño».
> Así que le dije: «Querido Señor creador, dime para qué fue hecho el hombre».
> Él me habló de nuevo y dijo: «Mira, hombrecito, todavía me estás haciendo una pregunta más grande que tú. Trata de reducir el tamaño de tu pedido y mejorar el intento».
> Entonces le hice mi última pregunta: «Señor creador, ¿para qué hiciste el cacahuate?»
> «Eso está mejor», dijo el Señor.
> Entonces me dio un puñado de cacahuates y regresó conmigo al laboratorio, y juntos nos pusimos a trabajar.[1]

Trabajando día y noche, Carver escudriñó las cualidades del maní y descubrió la magia química que convertiría las pérdidas en ganancias. En menos de cinco años la producción de cacahuates convirtió a su condado de Alabama en una de las zonas más prósperas del estado. A lo largo de su vida Carver extrajo del maní más de 300 productos.

Esta sección trata de la búsqueda que usted debe emprender de su propio cacahuate: la tarea hecha a su medida que honrará a Dios, ayudará a su prójimo, y le entusiasmará.

Desempaque sus maletas

Y los ha llenado de sabiduría.

Éxodo 35.35

Usted nació preempacado. Dios miró su vida entera, determinó su misión, y le dio las herramientas para hacer el trabajo.

Antes de salir de viaje, usted hace algo similar. Al hacer las maletas, considera las necesidades del viaje. ¿Hará frío? Incluye una chaqueta. ¿Una reunión de negocios? No olvidar la computadora portátil. ¿Va a pasar un tiempo con los nietos? Mejor que se lleve unos zapatos deportivos y unas tabletas para los dolores musculares.

Dios hizo lo mismo con usted. *Joe investigará la vida de los animales... instalémosle la curiosidad. Meagan dirigirá una escuela privada... necesita una dosis extra de capacidad administrativa. Necesito que Eric consuele a los enfermos... debo incluir una dosis saludable de compasión. Denalyn se casará con Max... doble porción de paciencia.*

Cada uno de nosotros es el «original», Gálatas 5.26. Dios empacó sus maletas, intencionalmente, con un propósito. ¿Es esto nuevo para usted? Si es así, quizás esté viviendo con la maleta equivocada.

Una vez me ocurrió en el aeropuerto que tomé una maleta que no era la mía. Pero se le parecía mucho. El mismo tamaño. El mismo material. El mismo color. Sorprendido de que hubiese emergido tan pronto de las catacumbas de los equipajes, la tome sin más del carrusel y me apresuré a llegar al hotel. Sin embargo, tan pronto vi su contenido supe que había cometido un error. No tenía ni el tamaño, ni el estilo, ni el tejido de la mía. (Además, mis pantalones iban a lucir demasiado cortos con esos tacones tipo puñal.)

¿Qué haría usted en un caso así? Podría arreglárselas con lo que tiene. Embutir su cuerpo en esa ropa estrecha, adornarse con joyas del otro sexo, y salir a cumplir sus citas. ¿Podría hacerlo? Sólo a riesgo de perder su trabajo o pasar una temporada tras las rejas.

No, usted habría rastreado su maleta. Publicado un boletín. Llamado al aeropuerto, a la aerolínea. Al servicio de taxis. Al Buró Federal de Investigaciones. Habría contratado detectives e investigadores privados. Habría intentado todas las formas posibles de hallar a esa persona que, incapaz de encontrar su propia valija, se andará preguntando qué tonto de capirote la habrá tomado sin verificar el nombre en la etiqueta.

Nadie quiere vivir de una maleta ajena.

Dios le empacó con un propósito para su propósito.

Y entonces, ¿por qué nos sucede? Es posible que alguien haya metido a la fuerza en la suya prendas de vestir ajenas.

Los padres suelen hacerlo. Papá pasa su brazo sobre el hombro de su hijo. «Tu bisabuelo era agricultor. Tu abuelo también. Yo lo soy. Y tú, hijo mío, algún día heredarás esta granja».

Una maestra podría hacerlo. A la jovencita que desea ser una buena ama de casa le advierte: «No desperdicies tus talentos. Con esos dones podrías llegar muy lejos. Tu mundo es el mundo profesional».

Los líderes de la iglesia nos asignan desde el púlpito valijas ajenas. «Dios anda buscando misioneros que recorran y cambien el mundo. Jesús era misionero. ¿Desea agradar a su Creador? Siga sus pasos en esta vocación santa. Pase el resto de su vida en el extranjero».

¿Consejo sano o errado? Depende de lo que Dios haya empacado en la maleta de cada quien.

Una granja en herencia bendice al individualista y físicamente activo. Pero, ¿y si Dios hubiese dotado al hijo del granjero con una pasión por la literatura o la medicina?

Trabajar fuera del hogar puede ser una gran alternativa para algunas, pero ¿qué pasaría si Dios hubiese dado a la muchacha una pasión singular por los niños y las labores hogareñas?

Aquellos que tienen vocación para los idiomas o para viajar deben escuchar los sermones que promueven el servicio misionero. Pero si las culturas foráneas le provocan frustración, mientras que en el mundo de lo predecible se siente revitalizado, ¿podría usted ser feliz trabajando como misionero?

No, pero seguro contribuiría a estas sorprendentes estadísticas:

- La infelicidad con el trabajo afecta a una cuarta parte de la fuerza laboral estadounidense.[1]
- Otra cuarta parte de los empleados consideran que su trabajo es el principal factor de estrés en sus vidas.[2]
- De cada 10 personas, 7 no son competentes ni están motivadas para ejecutar las labores básicas de su trabajo.[3]
- El 43 por ciento de aquellos que creen que se les asigna demasiado trabajo, se enojan con frecuencia o con mucha frecuencia contra sus patrones.[4]

¿Puede clarificar la fuerza de estas cifras? ¿Y todavía se pregunta por qué son tan irritables los automovilistas que van camino al trabajo? «Un 70 por ciento de nosotros va a trabajar sin mucho entusiasmo o pasión».[5] La mayoría de los asalariados pasan 40 de sus 80 horas de vigilia de lunes a viernes arrastrando los pies por las calles de Villa Aburrida.

Tal infelicidad sólo puede agriar a las familias, poblar los bares, y pagar los honorarios de los psicoterapeutas. Si el 70 por ciento de nosotros aborrece los lunes, sueña con los viernes y se arrastra a lo largo del resto de la semana, ¿No sufrirán nuestras relaciones? ¿No se resentirá nuestro trabajo? ¿No padecerá nuestra salud? Un estudio señala que «los problemas laborales están más fuertemente asociados con padecimientos de salud que cualquier otro factor de estrés en nuestras vidas, aun más que los problemas financieros o familiares».[6]

Tales cifras reúnen las condiciones de una epidemia. Una epidemia de monotonía. Alguien robó la chispa de nuestros días. Una niebla persistente se ha asentado sobre nuestra sociedad. Lo mismo, semana tras semana, succiona nuestras energías. Paredes pintadas de gris rutina. Empleados que van a la oficina rumiando su rechazo. Edificios colmados de personas que viven para trabajar, en lugar de trabajar para vivir. Aburrimiento. Rendimientos mediocres.

¿La cura? La receta de Dios comienza por desempacar su maleta. Usted salió del vientre de su madre con un equipamiento singular. David lo dice de la siguiente manera: «Mis huesos no te fueron desconocidos, cuando en lo más recóndito era yo formado, cuando en lo más profundo de la tierra era yo entretejido. Tus ojos vieron mi cuerpo en gestación: todo estaba ya escrito en tu libro; todos mis días se estaban diseñando, aunque no existía uno solo de ellos» (Salmo 139.15–16).

Explore conmigo estos versículos. David enfatiza el pronombre «tú» como diciendo «tú, Dios, y sólo tú». «En lo más recóndito» sugiere un lugar escondido y seguro, protegido de los intrusos y del mal. Tal como un artista lleva un lienzo a un estudio aislado, así Dios le llevó a usted a esa cámara oculta donde fue «entretejido».

Moisés utilizó la misma palabra para describir la trama de las cortinas interiores del templo, tejidas por manos expertas para los más altos propósitos (ver Éxodo 26.1; 36.8; 38.9). El Maestro de tejedores seleccionó los hilos de su temperamento, la textura de su carácter, el estambre de su personalidad, todo, antes de que usted naciera. Dios no le puso en el mundo totalmente indefenso y con las manos vacías. Llegó aquí completamente equipado. «Él ordenó todos los días»... El día de nacer y el día de morir. Los días de dificultades y de victoria. Todo lo que a usted le motiva, todo lo que le agota... Dios lo hizo, y aún lo hace.

Usted no puede ser todo lo que quiere ser. Usted puede ser todo lo que Dios quiere que sea.

Otras traducciones emplean verbos igualmente fascinantes.

Mis manos no han bordado nunca un solo punto, pero las de mi madre sí. En los días en que no había lavaplatos eléctricos, cuando las madres reclutaban a sus hijos para que secaran los platos, me identificaba mucho con su juego de toallas bordadas, especiales para esa faena. Ella había embellecido el basto paño blanco con hilos de colores: siete toallas, cada una con el nombre de un día de la semana. Sus habilidades artesanales convertían toallas comunes en una obra singular.

¡Dios hizo lo mismo con usted! ¿Cómo respondería a esta pregunta con varias respuestas opcionales?

Yo soy

________ una casual explosión de partículas.
________ una evolución accidental de las moléculas.
________ restos sin alma flotando en el universo.
________ «creación admirable» (v. 14).
«entretejido» (v. 15).

No deje que su vida se melle por no comprender este punto: Usted es más que una casualidad estadística, más que un matrimonio entre la herencia y la sociedad, más que una confluencia de cromosomas heredados y traumas de la niñez. Más que una veleta andante azotada por los fríos vientos del destino. Gracias a Dios usted ha sido «esculpido en algo a partir de la nada» (v. 15).

Imagine a Rodin esculpiendo en la piedra bruta *El Pensador*. El escultor con el cincel desbasta la piedra, da forma a la curva de una rodilla, pule la frente... Imagine ahora a Dios haciendo la misma cosa: la forma de usted aún antes de que existiera, esculpiendo en usted:

ojo para la organización,
oído para la buena música,
un corazón que late por justicia y equidad,
una mente que comprende la física cuántica,
los tiernos dedos de quien cuida de otros, o
las fuertes piernas de un corredor.

Él le hizo *único*.

El pensamiento secular no acepta esto totalmente, no lo asimila. La sociedad secular no ve al autor detrás del libro, al arquitecto detrás del edificio, ni el propósito tras la vida o después de ella. La sociedad no ve maleta alguna, y nunca le exhorta a desempacar la suya. Dice simplemente: «Usted puede ser lo que quiera».

Si lo desea, puede ser carnicero o representante de ventas. Si de veras le gusta, sea embajador. Puede ser cualquier cosa que desee. Pero, ¿puede en realidad? Si Dios no empacó en su interior la intuición para la carne del carnicero, la habilidad para tratar con el público del vendedor, o la visión del mundo de un embajador, ¿podrá usted ser alguno de ellos? Sí, quizás uno infeliz e insatisfecho ¿Pero plenamente realizado? No. ¿Puede una bellota convertirse en rosa, una ballena volar como las aves, o el plomo transformarse en oro? De ninguna manera. Usted no puede ser lo que desee. Pero sí puede ser todo lo que Dios quiere que usted sea.

Søren Kierkegaard se hizo eco de las enseñanzas de las Escrituras cuando escribió: «En el nacimiento de cada hombre toma vida una vocación eterna para él, expresamente para él. Ser consecuente consigo mismo en relación con esta vocación eterna es lo más elevado que un hombre puede practicar».[7]

Dios nunca produce seres humanos en masa o prefabricados. No los forma a la ligera. «He aquí, yo hago nuevas todas las cosas», declara (Apocalipsis 21.5). No le dio a usted la maleta de su abuelo ni la vida de su tía; le empacó en forma personal y deliberada.

Cuando usted vive según el equipaje que Dios le dio, descubre un gozo extraordinario. ¿Nunca ha visto ejemplos de esto?

Recientemente viajé por avión a San Luis con una aerolínea comercial. La azafata era tan gruñona que parecía que había bebido limonada en el desayuno. Nos dio muy claramente sus instrucciones: siéntense, abróchense el cinturón, ¡y cállense! No me atreví a pedir nada, excepto que apretara el botón para catapultarnos.

Quizás tenía un mal día; o tal vez estaba atrapada en el trabajo equivocado.

Dos semanas más tarde abordé otro vuelo. Esta azafata parecía importada del cielo. Se presentó a todos los pasajeros, hizo que nos saludáramos, ¡y luego nos cantó una canción por el intercomunicador! Me vi tentado a preguntarle: «¿Le gusta su trabajo?»

«¡Lo adoro!», replicó con una sonrisa. «Durante muchos años fui maestra de una escuela primaria y amaba cada día. Pero entonces me promovieron. Pasé de un aula llena de niños a una oficina llena de papeles. ¡Me sentía muy infeliz! Renuncié, me tomé unos meses para estudiarme a mí misma, encontré esta oportunidad, y la aproveché. ¡Hoy me impaciento por llegar a mi trabajo!»

Muy pocas personas pueden decir lo mismo. Y también muy pocas hacen lo que ella hizo. Una empresa experta en idoneidad de empleos sugiere que solo un uno por ciento de sus clientes ha realizado un estudio serio de sus capacidades.[8]

No imite ese error. «Por tanto, no seáis insensatos, sino entendidos de cuál sea la voluntad del Señor» (Efesios 5.17). Usted es capaz de hacer algo que nadie más puede en una forma en que ningún otro puede. Explorar y extraer su singularidad le entusiasmará, dará honra a Dios, y extenderá su reino. De modo que «cada cual examine su propia conducta; y si tiene algo de qué presumir, que no se compare con nadie» (Gálatas 6.4).

Usted puede hacer algo que nadie más puede hacer en una manera que ningún otro puede hacerlo.

Descubra y despliegue sus habilidades.

Charlie Steinmetz lo hizo. Él diseñó los generadores que suministraban energía a las primeras cadenas de montaje de Henry Ford en Dearborn, Michigan. Poco después de jubilarse, los generadores se atascaron, paralizando la planta completa. Los ingenieros de Ford no pudieron encontrar el problema, así que este llamó a su viejo amigo. Charlie Steinmetz jugó con los medidores, las palancas, los botones y unos cuantos cables, y unas horas después disparó el conmutador maestro. Los motores arrancaron y el sistema regresó a la normalidad. Días después Ford recibió una factura de Steinmetz por 10.000 dólares. La cifra le pareció excesiva y le escribió a su amigo una nota: «Charlie: me parecen exagerados estos 10.000 dólares, sólo porque un hombre pasó un rato jugando con unos cuantos motores». Steinmetz escribió una nueva factura y se la envió a Ford. «Henry: Por jugar con los motores, 10 dólares; por saber con cuáles jugar, 9.990 dólares».[9]

Usted juega diferente a los demás. Explore y extraiga su talento para experimentar. Le espera un regalo mucho más valioso que 10.000 dólares. «El bien que cada uno hiciere, ése recibirá del Señor» (Efesios 6.8).

Cuando usted rinde el máximo haciendo lo que mejor sabe hacer, pone una sonrisa en el rostro del Señor. ¿Qué podría ser mejor que eso?

LEA SU VIDA AL REVÉS

Porque Dios es el que en vosotros produce así el querer como el hacer, por su buena voluntad.

Filipenses 2.13

Con cierta frecuencia nos encontramos cabalgando sobre la corriente de la vida. No haciéndole resistencia, sino a horcajadas sobre ella. Si la corriente es muy fuerte nos alza en peso y nos arrastra, pero seguimos en control, tentados a declarar: «Fue para esto que fui creado».

¿Conoce usted la corriente? Claro que sí.

Regrese por un instante a su juventud. ¿Qué actividad le motivaba entonces a abandonar las grises aceras de la monotonía y escapar a una feria de imágenes, sonidos y luces? ¡Oh, los fuegos artificiales! Cada nervio acababa zumbando; cada neurona destellaba; los cinco sentidos se disparaban.

¿Qué estaba haciendo usted? ¿Ensamblando un aeroplano de juguete en el garaje? ¿Ayudando a la tía a sembrar semillas en el jardín? ¿Organizando juegos para sus compañeros de entretenimiento? Usted es capaz de recordar hasta hoy los detalles de aquellos días: el olor punzante del adhesivo, la sensación táctil de la tierra húmeda, los gritos de los niños entusiasmados. Era mágico. El único momento malo de esa época fue el último.

Avancemos unos años. Dejemos que la infancia se convierta en adolescencia, la escuela primaria en secundaria, y luego en bachillerato. Reflexione sobre esos momentos de plenitud, de tiempo sin medida y energía desbordada. Todos los cilindros en marcha. De nuevo, ¿qué estaba haciendo usted? ¿Qué le extasiaba? ¿De dónde sacaba energías? ¿Qué le seducía?

Si se lo permiten su edad y su paciencia, haga una reflexión más. Medite sobre sus mejores días, cuando era un adulto joven. Entonces no batallaba contra la corriente. En los tiempos cuando cabalgaba sobre ella, ¿qué actividades le fascinaban? ¿Cuáles objetos sostenía? ¿Qué temas consideraba?

¿Observa algunos temas comunes? Sin duda, la escenografía cambia, y los personajes desaparecen por el foro. Los detalles pueden alterarse, pero su pasión, lo que usted siempre ha ansiado hacer, lo sigue haciendo. La corriente del río de la vida continúa haciéndole encallar en una u otra ribera.

Siempre

reparando las cosas,
desafiando los sistemas,
organizando datos,
defendiendo a los pequeños,
haciendo relaciones detrás del telón, o
buscando el centro del proscenio.

Haciendo una y otra vez la misma cosa.

¿Y por qué no? Es algo que le nace. No sin esforzarse, pero con menos esfuerzo que otros. Tal vez se ha preguntado por qué otros encuentran tan difícil batear una pelota de béisbol o analizar una oración. Cualquiera puede ensamblar un televisor con uno de esos sistemas «Hágalo usted mismo», ¿cierto?

Falso. Pero David sí pudo. Y lo hizo a los 12 años. Comenzó el proyecto con su padre. Y cuando la Armada llamó a su padre a filas, David continuó. Pasó muchas horas después de la escuela trazando diagramas, instalando tubos y soldando alambres. Cuando papá regresó, la familia tenía un televisor nuevo. Y hasta hoy, un cuarto de siglo después, los ojos de David todavía danzan cuando describe la primera imagen que apareció en la pantalla. No sorprende que se haya diplomado en ingeniería civil. A David le encanta armar cosas.

Y aún lo hace. Sólo pregúnteles a los ciento y tantos niños que asisten a la Academia Carver, una excelente escuela situada en los barrios pobres de San Antonio. David Robinson la construyó. Cierto, él jugó baloncesto y fue el jugador más valioso, pero también construye cosas. Y si el pasado puede enseñarnos algo, siempre lo hará.

«El niño es el padre del hombre», escribió William Wordsworth.[1] ¿Desea orientación para su futuro? Entonces, lea su vida al revés.

Consultores en empleos idóneos de la firma People Management Incorporated han hecho esta pregunta a más de 70.000 clientes: ¿Qué cosas ha hecho usted en la vida que haya disfrutado hacer y que piensa que hizo bien? «En todos los casos», escribe el fundador de la empresa, Arthur Miller Jr., «los datos demostraron que la gente invariablemente regresaba al mismo patrón de funcionamiento siempre que habían hecho algo que disfrutaban y que creían haber hecho bien».[2]

Nuestro pasado nos presenta nuestro futuro.

O, para decirlo más sucintamente, nuestro pasado nos presenta nuestro futuro. ¿Será cierto esto? ¿Pueden los intereses de la infancia anticipar las capacidades del adulto? ¿Podrán las inclinaciones tempranas servir como bosquejos originales del retrato final?

Las biografías de héroes espirituales así lo sugieren. Comencemos con Moisés, el príncipe de Egipto. De joven se destacó por asimilar las costumbres de la corte. Dominó las leyes del país antiguo. Estudió a la sombra de los mejores astrónomos, matemáticos y juristas del mundo. Mil quinientos años después, aún se le recordaba por haber sido enseñado «en toda la sabiduría de los egipcios; y poderoso en sus palabras y obras» (Hechos 7.22).

Lo poco que sabemos de la crianza de Moisés nos dice lo siguiente: desplegó una gran afinidad por los conocimientos superiores y una alergia hacia la injusticia. ¿Recuerda su primera aparición como adulto en las Escrituras? Vio a un egipcio golpeando a un esclavo hebreo, y lo mató. Al día siguiente, Moisés vio a dos hebreos peleando y volvió a intervenir. Esta vez, uno de ellos le preguntó: «¿Quién te ha puesto a ti por príncipe y juez sobre nosotros?» (Éxodo 2.14).

Príncipe y juez. ¿Será exacta esta descripción? Vayamos al segundo acto. Para no ser arrestado, Moisés escapó al desierto, donde hallaría más injusticias. «Y estando sentado junto al pozo, siete hijas que tenía el sacerdote de Madián vinieron a sacar agua para llenar las pilas y dar de beber a las ovejas de su padre. Mas los pastores vinieron y las echaron de allí; entonces Moisés se levantó y las defendió, y dio de beber a sus ovejas» (Éxodo 2.16–17).

¿Qué llevó a Moisés a proteger a aquellas jóvenes? ¿Sería su belleza? ¿Acaso la sed que tenía? Puede que ambas cosas y puede que más. Es posible que semillas de justicia estuviesen germinando inexorablemente en su alma. Cuando castigó la crueldad de un egipcio o dispersó a un grupo de pastores machistas, ¿estaba actuando conforme a la pasión que Dios le dio por la justicia?

El resto de su vida lo confirma. Cuarenta años después de escapar de Egipto, regresó, esta vez con el resplandor, la bendición y el poder de Dios. Humilló al Faraón y libró de sus cadenas a los hebreos. Moisés *el príncipe* escoltó a su pueblo hacia un nuevo reino. Moisés *el juez* sentó las bases de la *Torah* y fue el partero de la ley hebrea. En los puntos fuertes de su juventud estaban reveladas las pasiones de su vida.

Avancemos casi dos milenios y consideremos otro caso. Como Moisés, este joven estudioso mostró desde temprano amor por la ley. Estudió con los mejores maestros de Jerusalén. Cumplió la *Torah* al pie de la letra. Se alineó con los fariseos, ardientes observadores de las Escrituras. Estos defendían con celo la ley. Y «celo» fue el término que utilizó para describir su juventud. «¿Celoso?», escribió. «En cuanto a celo, perseguidor de la iglesia» (Filipenses 3.6).

Dios lo planeó y le empacó con un propósito para su propósito.

El ardor del joven Saulo da pie a su primera aparición en las Escrituras. Como a Moisés, le coloca en primer plano un homicidio. Airados miembros del concilio judío apedreaban a Esteban «y los testigos pusieron sus ropas a los pies de un joven que se llamaba Saulo» (Hechos 7.58).

Se podrá considerar a Saulo desorientado o equivocado pero nunca blando. Si su piel se rasgara, sangraría compromiso. Ni como Saulo, el legalista, ni como Pablo, el apóstol de la gracia, pudo permanecer inactivo. Inspirado por su causa. Intransigente. Concentrado como un halcón en su presa. Pedro era capaz de tolerar la hipocresía de la iglesia. Pero no Pablo. Con él, usted estaba adentro o estaba afuera, era frío o era caliente. Pablo impactaba a la gente, bien fuese haciendo discípulos o persiguiéndolos.

Un punto fuerte de su juventud auguró el rasgo definitorio de toda su vida.

¿Tiene tiempo para un ejemplo más?

Considere los días de juventud de Billy Frank, el hijo mayor del dueño de una lechería. Cada madrugada, su padre le echaba de la cama alrededor de las 2:30 para comenzar la faena. Su hermano menor, Melvin, amaba el trabajo, y no se despegaba del lado del padre, ansioso por ocupar su lugar mucho antes de que su edad se lo permitiera.

No era el caso de Billy Frank. Él y Melvin eran hijos del mismo padre, pero no compartían la misma pasión. Tan pronto terminaba la faena, Billy Frank se solazaba sobre el heno con un ejemplar de *Tarzán* o *Marco Polo*. Al cumplir los 14 años, ya se había bebido *La Decadencia y Caída del Imperio Romano*. Pero los relatos de misioneros, historias de valientes siervos de Dios en tierras remotas, eran los que más fascinaban al niño.

Más tarde, como estudiante universitario del Instituto Bíblico de la Florida, visitaba a cada evangelista que le dispensara algún tiempo. Servía su mesa, lustraba sus zapatos, les llevaba las bolsas con palos de golf o el equipaje, posaba para que le tomaran fotos con ellos, y cuando escribía a casa contaba a su madre «cuánto anhelaba ser como este o aquel».[3]

Billy Frank tenía otra marca de fábrica: su energía. Su madre recordaba que «Billy nunca se estaba quieto... sentí alivio cuando comenzó en la escuela». Era un niño hiperactivo, aun antes de que ese término existiera. Siempre corriendo, indagando, preguntando. «No se agota nunca», dijeron sus padres al médico. «Tiene que ver con su constitución», aseguró el galeno.[4]

El roble habita dentro de la bellota.

Fíjese en el mosaico de cualidades de Billy Frank: fascinado por los libros y las palabras; por los misioneros y las tierras lejanas; bendecido por una energía sin límites... ¿Qué ocurre con un joven como él?

¿Y qué sucede cuando el Espíritu de Dios le convence de pecado y de salvación? El joven Billy Frank decidió deshacerse de su segundo nombre y quedarse con el primero. Después de todo, un evangelista necesita que lo tomen en serio. Y la gente tomó muy en serio a Billy Frank Graham.

¿Qué habría sucedido si Graham hubiese ignorado los dictados de su corazón? ¿Y si sus padres le hubieran obligado a permanecer en la granja? ¿Si nadie hubiese notado la pauta de Dios para su vida?

¿Y si usted nunca la notara en la suya?

Recuerde que Él le concibió y empacó a propósito para Su propósito. «Porque somos hechura suya, creados en Cristo Jesús para buenas obras, las cuales Dios preparó de antemano para que anduviésemos en ellas» (Efesios 2.10).

Somos un diseño personalizado hecho en el cielo. «Así dice Jehová, Hacedor tuyo, y el que te formó desde el vientre» (Isaías 44.2). Dios determinó cada uno de sus detalles. «¿Quién dio la boca al hombre? ¿o quién hizo al mudo y al sordo, al que ve y al ciego? ¿No soy yo Jehová?» (Éxodo 4.11).

Un momento antes de que existieran los momentos, el soberano Constructor de Estrellas decidió: «Haré a ________». En el espacio en blanco va su nombre. Luego continuó: «y le haré ________, ________ y ________ y ________ y ________». En estos otros espacios vacíos escriba sus características. Perspicaz. Lúcido. Acucioso. Incansable. Y como usted es una idea de Dios, es una buena idea. Lo que Él dijo sobre Jeremías, lo ha dicho sobre usted: «Antes de formarte en el vientre ya te había elegido, antes de que nacieras ya te había apartado» (Jeremías 1.5).

Apartado para una misión especial.

Durante unas vacaciones universitarias pude hacer algún dinero barriendo desechos de metal. Varias decenas de operadores pasaban 10 horas diarias dando forma al acero en sus tornos. ¿Necesita sacar un cuadrado de 15 centímetros por lado de una plancha de metal con tres centímetros de espesor? Ellos podían cortarlo. ¿Necesitaba abrir los agujeros para los tornillos en una bisagra? Ellos podían perforarlos. Sólo dígaselo al tornero. Aquellos obreros daban forma al acero según el propósito de este metal. Y Dios hace lo mismo.

Él le ha formado conforme al suyo, ¿De qué otro modo puede usted explicarse a sí mismo, su capacidad para diagnosticar un problema en un motor por el ruido que hace, para hornear una torta sin receta? Cuando usted se sabe la historia de su país mejor que su profesor de historia. Cuando conoce los nombres de cada uno de los niños de un orfelinato, ¿Cómo explicaría esas raras habilidades?

Dios. Él sabía que el joven pueblo de Israel necesitaría un código moral, e infundió en Moisés el amor por la ley. Sabía que la doctrina de la gracia necesitaría un firme defensor, y puso en Pablo el ardor. Y en su caso, sabía lo que su generación iba a necesitar. Y le diseñó a usted. Y *su diseño define su destino*. ¿Recuerda la recomendación de Pedro? «Cada uno según el don que ha recibido, minístrelo a los otros, como buenos administradores de la multiforme gracia de Dios» (1 Pedro 4.11).

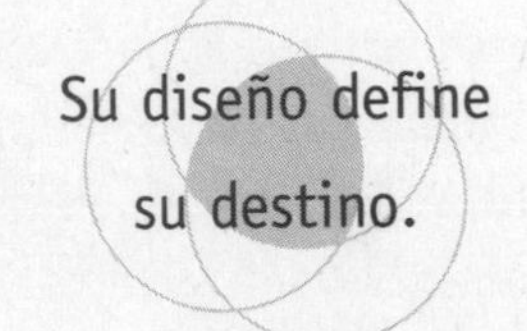

Encontré una prueba viviente de esta verdad durante un viaje a Costa Rica. Keith,[5] un californiano, estaba celebrando con unos amigos su cumpleaños 61 en la escuela de idiomas donde mi hija estudiaba español. Mi pregunta —«¿Qué estás haciendo en Centroamérica?»— abrió las compuertas a un torrente biográfico. Drogas, sexo, divorcios, cárcel; las primeras cuatro décadas de la vida de Keith sonaban como el diario de un pandillero. Pero entonces escuchó el llamado de Dios. De la misma manera que llamó a Moisés, a Pablo y a otros millones, Dios llamó a Keith.

«Pero ¿y por qué Costa Rica?», inquirí. Su respuesta fue algo más o menos así: «Siempre he sido bueno reparando cosas. Toda mi vida, cuando algo se rompía, la gente me llamaba. Un amigo me habló de los niños pobres de Centroamérica, así que vine aquí con una idea. Encuentro hogares donde el padre está ausente y a la casa le falta la plomería. Así que instalo lavamanos e inodoros y me dedico a querer a los niños. Es lo que hago. Para eso fui creado».

Al parecer, Keith ha encontrado la cura para la vida común. Él vive en su punto óptimo. ¿Por qué no usted? ¿Qué es lo que siempre ha sabido hacer bien? ¿Y qué es lo que siempre ha querido hacer?

Esta última pregunta deja pensando a mucha gente bien intencionada. *Dios no me dejaría hacer lo que me gusta: ¿O sí?* Según dice Pablo, la respuesta es afirmativa. «Dios es el que en vosotros produce así el querer como el hacer, por su buena voluntad» (Filipenses 2.13). Su creador apareja el «querer» con el «hacer». El deseo comparte el asiento del conductor con la capacidad. «Deléitate en el Señor y Él te concederá las peticiones de tu corazón» (Salmo 37.4). Hay demasiada gracia en el Padre para condenarnos a una vida miserable. Como escribió Tomás de Aquino: «La vida humana parece consistir en aquello en lo que más se deleita cada hombre, aquello por lo que lucha especialmente, y aquello que desea compartir particularmente con sus amigos».[5]

Hace poco conocí a un joven de 20 años que necesitaba escuchar esto. Recién licenciado de las Fuerzas Armadas, sopesaba su futuro. Tenía la mandíbula cuadrada, un tatuaje en el antebrazo, y una inquietud muy común: no sabía qué hacer con el resto de su vida. Mientras compartíamos durante un vuelo, me habló de su tío, un sacerdote de Nueva Inglaterra. «¡Qué gran hombre!» suspiraba el ex soldado. «Ayuda a los niños y da de comer a los hambrientos. Me encantaría poder hacer una diferencia como esa en las vidas de otros».

Entonces le hice la pregunta clave de este capítulo. —¿Ha habido en tu vida ocasiones en las que has hecho algo que te gusta hacer y que sabes hacer bien?

Al principio, no dio mucha importancia a mi pregunta. —Oh, no, lo que a mí me gusta hacer es estúpido.

—Dime qué es», —le invité.

—Bueno, pues...me encanta reconstruir cosas.

—¿Qué quiere decir eso?

Entonces me contó de una vieja mesita de centro que encontró en un garaje. Viendo su potencial, raspó la pintura, arregló las patas partidas, y la restauró. Luego, con mucho orgullo, se la mostró a su madre.

—¿Alguna otra ocasión?, —pregunté.

—Esta es todavía más estúpida, —advirtió—. Cuando trabajaba en una carnicería, podía recobrar carne de los huesos que otros desechaban. ¡Mi jefe me adoraba! Era capaz de recuperar varias libras solamente repasando otra vez el hueso.

Mientras el avión iniciaba el descenso, probé con él una posibilidad. —A ti te gusta recuperar cosas. Has restaurado muebles, recobrado carne. Dios te dio la capacidad para encontrar un tesoro en lo que los demás desechan.

Mi idea le sorprendió. —¿Dios? ¿Dios hizo eso?

—Sí, Dios. Tu capacidad para restaurar una mesa es tan divina como la de restaurar vidas en tu tío.

Parecía como si alguien hubiera entregado en sus manos a un recién nacido. Mientras asimilaba mis palabras, aquel recio soldado empezó a llorar de alegría.

Si usted viera sus deseos como dones a desarrollar, y no como anhelos que hay que suprimir, sentiría el mismo gozo.

Así que, adelante, reflexione sobre su vida. ¿Qué le gusta hacer que siempre ha hecho bien?

Algunos encontrarán esta pregunta demasiado simple ¿No será necesario medir algo?[6] ¿La aptitud o el temperamento? Consultamos maestros y hojas de té, leemos manuales y horóscopos. Hacemos inventarios de los dones espirituales[7] y los ancestros. Puede que alguna de estas estrategias nos ayude, pero hay una respuesta más simple ante nosotros. O, para ser más exactos, dentro de nosotros.

El roble habita dentro de la bellota. Lea su vida al revés y cuente sus provisiones. Vuelva a acariciar sus momentos de éxito y satisfacción. Pues en la confluencia de ambos encontrará su carácter único y singular.

4

Estudie su H.I.S.T.O.R.I.A.

Desde los cielos miró Jehová;
Vio a todos los hijos de los hombres...
Él formó el corazón de todos ellos;
Atento está a todas sus obras.

Salmo 33.13, 15

Considere esta idea para un programa de televisión sobre la vida real. El objetivo es simple. Cada concursante deberá viajar a una determinada ciudad, buscar un vecindario prescrito, y asumir un papel particular. Llamémosle *Encuentre su lugar.*[1]

¿El meollo de la cuestión? Nadie le diga adónde debe ir ni qué tiene que hacer cuando llegue allí. El conductor no identifica la ciudad. Tampoco designa un país. No distribuye contenidos de trabajo. Todos los concursantes deberán discernir su destino en virtud de una sola herramienta: sus provisiones. En el punto de partida, cada uno recibirá una bolsa de provisiones que ofrece las claves para el destino de esa persona.

Por ejemplo, el conductor le entregará a una persona una bolsa de cuero con suéteres, una chaqueta y un balón de fútbol. En un bolsillo, el concursante encontrará unas monedas. Dinero argentino. El registro de asistencia de un maestro de idiomas. El destino y la posición empiezan a tomar forma.

A otro se le entrega equipo de buceo. Tanques de oxígeno. Aletas de rana y una máscara. Parece que alguien va a viajar cerca del océano. ¿Y esto qué es? ¿Una llave de plomero? Los buzos no llevan herramientas. Un momento, aquí hay otra clave. Es un libro. Diagramas de plataformas de perforación marinas. Esta persona parece encaminarse a una plataforma de extracción de petróleo.

¿Decía usted que las cadenas de televisión no aceptarán el programa? ¿Demasiado aburrido? Vaya con su preocupación al que creó la trama. A Dios. Él desarrolló la línea argumental y le reclutó a usted como participante.

Usted no salió del vientre de su madre con una carrera tatuada en el pecho. Su nacimiento no fue acompañado por una hoja impresa con sus habilidades innatas. Pero a medida que la vida avanzaba, usted empezó a darse cuenta de sus dones. Las habilidades, reveladas. Las mañas, por descubrir.

Fue Dios quien se las dio. «Porque somos hechura suya, creados en Cristo Jesús para buenas obras, las cuales Dios preparó de antemano para que anduviésemos en ellas» (Efesios. 2.10).

La cura para la vida común comienza con la extracción de sus fuerzas. Nadie más posee su inventario de capacidades. Si las ignora, pagará por ello. Un reparador de plataformas de extracción de petróleo no se sentirá cómodo al frente de un aula de primaria en Argentina. Y si Dios le creó a usted para que educara a niños argentinos, seguro que no le gustará reparar plataformas petroleras, ¿Y los niños en el aula y los obreros en la plataforma? ¿No quieren ellos a la persona indicada en el lugar correcto? Claro que sí. Y también usted. Y, más que nadie, lo desea Dios. Usted es el único usted que Él ha creado.

Usted es el único usted que Él ha creado.

En su libro *Behavioral Genetics* [Genética de la conducta] un equipo de científicos declara:

> Cada uno de nosotros tiene la capacidad de generar 10^{3000} óvulos o espermatozoides con conjuntos genéticos exclusivos. Si consideramos que 10^{3000} óvulos posibles pueden ser producidos por una mujer en particular, y que la misma cantidad de espermatozoides puede ser producida por un hombre, la probabilidad de que exista en el futuro o haya existido en el pasado alguien con su mismo cuadro genético se vuelve infinitesimal.[2]

Si las cifras le marean, permítame simplificar. Dios le creó a usted y rompió el molde. «Desde los cielos miró Jehová; vio a todos los hijos de los hombres; desde el lugar de su morada miró sobre todos los moradores de la tierra; *Él formó el corazón de todos ellos;* atento está a todas sus obras» (Salmo 33.13–15). Cada bebé es una idea totalmente nueva de la mente de Dios.

Nadie puede duplicar su vida. Busque su réplica en la historia; no la encontrará. Dios le hizo a la medida. «Los he creado, los formé y los hice» (Isaías. 43.7). En el taller de Dios no existe una caja con el repuesto de usted. Porque usted no es un ladrillo más en la pila del albañil, ni un tornillo más en la gaveta del mecánico. ¡Usted es quien es! Y si no lo fuera nunca lo tendríamos.

Usted es el cometa Halley del cielo; tendremos una sola oportunidad de verle brillar. Le presenta a la sociedad un regalo que nadie más le puede dar. Y si no lo trae usted, nunca vendrá.

Le daré un ejemplo un tanto excéntrico de esta verdad. El otro día iba trotando por mi vecindario bajo una nube. No una nube de lluvia, sino de dudas sobre mí mismo. Los desafíos de la vida parecían abrumar mis recursos, y me iba cuestionando mi capacidad. Para ser franco, también cuestionaba la sabiduría de Dios. El tema de mi oración era: *¿Estás seguro de que soy yo la persona idónea para este trabajo?*

Aparentemente Dios deseaba darme una respuesta, pues escuché una. De lo alto. Con una voz profunda y resonante. «¡Estás haciendo un buen trabajo!» Quedé paralizado sobre mis

Reeboks y miré a lo alto. No viendo nada en las nubes, concentré mi atención en el techo de una casa. Y allí estaba él, saludándome: un pintor, vestido de blanco, recostado en un altillo. Yo también le saludé con la mano. Y hasta estuve a punto de preguntarle: «¿Cómo sabías que necesitaba que me dijeran eso?»

¿Habría tenido un encuentro con un ángel? ¿O habría visto un ángel colgado de una brocha? Al menos puedo decir esto: Un pintor ve a un tipo de mediana edad, con calvicie incipiente, trotando sofocado por la calle, y piensa: *A este le vendrían bien unas palabras de aliento.* Y allá te va: «¡Estás haciendo un buen trabajo!»

¿Estaré exagerando un poco mi teología cuando sugiero que Dios mismo puso al hombre allí, al menos en parte, para mí? Mucho antes de que el tiempo fuera tiempo, Dios vio cada momento, incluyendo el que he referido. Vio a uno de sus ministros necesitado de una palabra de ánimo. Y vio a un hombre con habilidad para pintar y un corazón dispuesto para animar a los demás. Puso a uno en la calle y al otro en un techo, para que el segundo alentara al primero. Multiplique por miles de millones ese diminuto evento, y podrá comprender la forma en que Dios sostiene su mundo.

El Director Invisible conduce esta orquesta a la que llamamos vida. Cuando un maestro especial ayuda a un estudiante rezagado o un hábil gerente desenreda nudos burocráticos, cuando los amantes de los perros les brindan su cariño y los duchos en cálculos cuadran las cuentas, cuando usted y yo hacemos lo que mejor sabemos hacer para la gloria de Dios, nos convertimos en «un solo cuerpo en Cristo ... cada miembro ... unido a todos los demás» (Romanos 12.5).

El papel de usted no es pequeño, porque no hay papel pequeño. «Ustedes son el cuerpo de Cristo y cada uno es miembro de ese cuerpo» (1 Corintios 12.27, NVI). «El cuerpo» y «sus miembros». Únicos y esenciales. A nadie más se le han encomendado los guiones suyos. Dios «formó el corazón de todos ellos» almo 33.15).

El Autor del drama humano sólo le confió su parte a usted. Viva su vida, o no será vivida. Todos necesitamos que usted sea usted.

Usted necesita ser usted.

No puede ser su héroe, su padre, ni su hermano mayor. Podrá imitar el estilo para jugar al golf o el corte de pelo de ellos, pero no pueden ser ellos. Solo puede ser usted. Y lo único que tiene que dar es lo que le ha sido dado para que dé. Concentrarse en quién es y en qué tiene. «Cada uno someta a prueba su propia obra, y entonces tendrá motivo de gloriarse sólo respecto de sí mismo, y no en otro; porque cada uno llevará su propia carga» (Gálatas 6.4–5).

Antes de que Thomas Merton se decidiera a seguir a Cristo, perseguía el dinero, la fama, y la vida en sociedad. Asombró a muchos cuando cambió todo eso por la vida de monje trapense en un monasterio de Kentucky. Sus colegas del mundo de los negocios especularon qué habría sido de él. Veían una versión muda y sufrida de su amigo, mansamente sometida a una vida dc penitencia. Trece años más tarde, un colega, Mark van Doren, le visitó y luego informó a los otros: «Parecía un poco más viejo; pero mientras estábamos sentados conversando no pude notar ninguna diferencia importante en él; una vez le interrumpí riendo mientras evocaba algunos recuerdos. "Tom," le dije; "no has cambiado nada". "¿Por qué habría de cambiar?" "Aquí," repuso: "nuestro deber es ser más nosotros mismos, no menos"».[3]

Si usted no es usted, nos lo perdemos. El mundo se lo pierde.

Dios nunca le ha llamado a ser nadic más quc usted mismo. Pero sí le llamó a ser el mejor «usted» que pueda ser. La gran pregunta es: ¿quién cs usted en su punto óptimo?

Un grupo de jovencitos se habían sentado juntos en el cine cuando uno de ellos decidió salir a comprar palomitas de maíz. Cuando volvió a la sala, no podía encontrar a sus amigos.

Mientras recorría el pasillo arriba y abajo, se sentía a cada paso más confundido. Por último se paró frente al teatro y gritó: «¿Habrá alguien que me reconozca?»

¿Se ha hecho usted preguntas en cadena como: «¿Sabe alguien quién soy?» «¿Cuál es mi lugar?» «¿Dónde se supone que vaya?»

Si se las ha hecho, es hora de estudiar su HISTORIA y hallar las respuestas. Estas cinco preguntas le ayudarán en su camino.

1. *¿Cuáles son sus puntos fuertes?* Dios no le entregó una mochila de soldado, sino una provista de habilidades. Esas mañas suyas logran resultados. Tal vez usted tiene habilidad para atender una multitud de pedidos en un restaurante o para vislumbrar soluciones a problemas de personal. Verbos afines marcan su biografía: «reparar», «crear», «supervisar» Puede que sea bueno descifrando cosas: el idioma sánscrito o tácticas de defensa en el fútbol. O tal vez su punto fuerte sea organizar datos o mariposas. Hace poco encontré a mi hija menor reorganizando de nuevo su armario, *¿Será esta mi hija?*, me pregunté. Ella lo ordena más veces en un mes ¡que su padre en toda su vida! ¿Hará algún día lo mismo en un aula, una clínica o una biblioteca?

Empleamos a menudo nuestros puntos fuertes, y con muy poco esfuerzo aparente. Una decoradora de interiores me comentaba esto sobre su trabajo: «No es tan difícil. Tan pronto entro a una habitación comienzo a ver lo que necesita».

«No todos podemos verlo», le respondí. Yo ni siquiera soy capaz de decorar mi cama. Pero ella puede decorar hasta un recipiente de basura ¡Bingo! conocer su punto fuerte la condujo a su punto óptimo, ¡Y la gente le paga por vivir en él! «Teniendo *diferentes dones*, según la gracia que nos es dada» (Romanos 12.6).

¿Qué dones vienen a usted con tanta facilidad que se pregunta sinceramente por qué otros no los poseen? ¿Acaso todo el mundo domina la tabla periódica de los elementos? ¡Claro que no! Pero el hecho de que usted sí la domine dice mucho sobre sus puntos fuertes (¡por no hablar de su cociente de inteligencia!). También nos dice algo acerca de su tema.

2. *¿Cuál es su tema?* Una vez que usted domina sus verbos, debe buscar sus sustantivos. ¿Con qué le gusta trabajar? ¿Animales? ¿Estadísticas? ¿Personas? Su tema puede ser tan abstracto como una idea o tan concreto como una fruta. Arthur Miller Jr. tenía un amigo a quien le fascinaban las frutas. «Henry no sólo conoce sus productos, sino que se apasiona por ellos», dice Miller:

> Él comienza su día aún de noche en el mercado mayorista, comprando solamente verduras caras y de muy buena calidad. Nunca compra las corrientes. Por eso es que la gente viene desde muy lejos, y a veces en automóviles con chófer, a beneficiarse de la pasión de Henry. Su esposa dice que él es un «maniático» de su trabajo. He visitado a Henry para comprarle melones, y apretando suavemente un par de ellos le he preguntado: «¿Están maduros estos?» «¡Todavía no!» asegura Henry. «Habrá que esperar hasta mañana». Y entonces agrega con sorna: «¡A las tres de la tarde!»
>
> Creo que sólo habla medio en broma... ¡en verdad conoce casi el momento exacto cuando un pedazo de fruta está perfectamente maduro!...
>
> Imagínese si todos pudiéramos hallar la misma intensidad de... Henry Bálsamo.[4]

Dios implanta tales pasiones. Escuche como describió a Bezalel, el constructor del templo. «Lo he llenado del Espíritu de Dios, en sabiduría y en inteligencia, en ciencia y en todo arte, para inventar diseños, para trabajar en oro, en plata y en bronce, y en artificio de piedras para engastarlas, y en artificio de madera; para trabajar en toda clase de labor» (Éxodo 31.3–5).

¡Es Dios quien habla! ¿Puede advertir el agrado en su voz? Suena como un abuelo sacando fotos de su billetera. «Lo he llenado... para inventar... para trabajar...» Cuando usted rinde el máximo en lo que mejor sabe hacer, está prendiendo medallas de orgullo en el chaleco de Dios.

¿Qué fascinación le dio? ¿Qué acelera su pulso y le hace encoger las cejas?

3. ¿Cuáles son sus condiciones óptimas? ¿Qué factores desencadenan su motivación? Algunas personas tienden a responder a una necesidad. Otras son motivadas por problemas. Un tenedor de libros competente prosperará probablemente en el marco de una rutina predecible. Un bombero amará los días pletóricos de sorpresas.

Dios nunca le llamó a ser nadie más que usted.

Y lo mismo le ocurre a Dennis McDonald. Por un tiempo sirvió como director de negocios de nuestra iglesia. Hizo un buen trabajo. Sin embargo, como era uno de los ancianos, solía visitar a los enfermos. Yo podía notar una clara diferencia en el entusiasmo de Dennis cuando describía su trabajo en los hospitales o en su oficina. En esta última, Dennis servía como soldado. Hizo un gran trabajo a cargo de esa rutina, pero si se le enviaba al lecho de un enfermo, se podía notar cómo se elevaba su tono. Su marco óptimo es la crisis, de modo que nos pareció sensato promoverlo de administrador a pastor de los hospitales a tiempo completo. Una situación de emergencia es lo que echa a andar su motor.

¿Qué cosa hace moverse el suyo? ¿Construir o mantener? ¿Estructuras claramente definidas o posibilidades abiertas? ¿Asignaciones en la cadena de montaje u oportunidades sin fronteras?

¿Cuáles son sus condiciones óptimas? Y...

4. ¿Cómo son sus relaciones? Medite retrospectivamente sobre sus momentos de éxito y satisfacción. En esos días, ¿cómo se relacionaba usted con la gente?

Algunos procuran formar parte de un equipo, un club, una sociedad. Si se trata de trabajar en el patio, quieren que salga toda la familia. Algunas personas se sienten estimuladas por los grupos.

Otras funcionan mejor solas. Evitan los equipos de softbol comunitarios y las ligas de bolos. Prefieren escalar, pescar con caña en los ríos o jugar golf. No es que no gusten de la gente, sino más bien que no la necesitan para cumplir sus tareas.

Usted no juega una pequeña parte, puesto que no hay pequeñas partes que jugar.

Hay una tercera categoría que disfruta de los grupos, pero necesita liderarlos. En realidad, no soportan no hacerlo. Pueden parecer empujadores o dominantes, aunque no se lo propongan. Estos alcanzan a ver lo que otros verán, pero no todavía.

Conozca su patrón ideal de relaciones. Si disfruta infundiendo energía a otros pero su trabajo le ancla frente a la pantalla de una computadora, sus días pasarán con desesperante lentitud. Diagnostique su estilo de relaciones, y, un elemento final, determine su día de pago. ¿Qué le provoca a decir...?

5. *¡Sí, lo logré!* En la película *Carros de Fuego,* Eric Liddell defendía ante su hermana su dedicación a las carreras de velocidad: «Dios me hizo rápido, y cuando corro, puedo sentir su placer». ¿Cuándo siente usted el placer de Dios? ¿Cuándo mira usted al cielo y dice: «Fui creado para hacer esto»? ¿Cuándo convergen sus puntos fuertes, su tema, sus condiciones óptimas y su patrón de relaciones de manera tal que usted pueda decir: «¡Sí, lo logré!»? Cuando eso sucede usted está viviendo su HISTORIA.

Encárnela. Acepte el permiso de Dios para ser la persona que fue creado para ser. Una rana puede agitar sus patas y no volar nunca. Algunos las han estado agitando demasiado tiempo. Sus héroes son aves; y también sus mentores. Creen que deben volar y se sienten culpables por no poder remontar vuelo. Pero basta de pensar como los pollos. Saltar está bien. Ahí abajo tiene un par de buenas extremidades, así que empiece.

¿Sabe usted quién es? Tómese unos minutos para relacionarse con el sistema de evaluación My S.T.O.R.Y. (por sus siglas en inglés) que encontrará en la página (175) al final del libro. People Management Incorporated desarrolló este proceso para explorar el conjunto de dones únicos de una persona, y lo ha utilizado con éxito para orientar a decenas de miles hacia las carreras idóneas. El tiempo que usted invierte en extraer las habilidades que Dios le dio es tiempo bien empleado.

Rick Burgess y Bill «Bubba» Bussey conducen el popular programa *Rick and Bubba Show,* un espacio radial para escuchar en su automóvil que se transmite desde Birmingham, Alabama. En una ocasión, un grupo de animadores creó un dibujo animado con los dos personajes, e invitaron a Rick y Bubba a poner sus voces. Rick hacía la voz de Rick, y Bubba, la de Bubba. Bubba, sin embargo, no hallaba la manera de complacer al productor. Este sugirió que Bubba cambiara sus inflexiones, volumen, y otros detalles. Como era de esperar, Bubba se fue impacientando. Después de todo, era él poniendo su voz a su personaje. Entonces se volvió hacia el productor objetando: «Si yo soy yo, ¿cómo puedo quedar mal conmigo mismo?»[5]

Brillante. Cuando se trata de ser usted, usted fue creado para actuar su parte. Así que puede decir sus guiones con confianza.

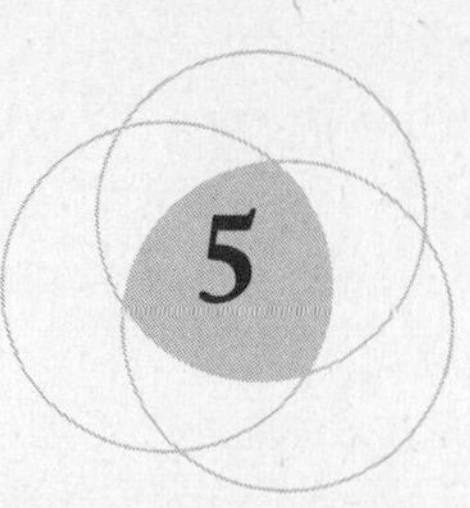

No consulte a su avaricia

Humillaos, pues, bajo la poderosa mano de Dios,
para que él os exalte cuando fuere tiempo.

1 Pedro 5.6

Un empresario acostumbraba a comprar cada día después del almuerzo palomitas de maíz a un vendedor callejero. Un día cuando llegó encontró que el vendedor estaba cerrando su quiosco a mediodía. —¿Le sucede algo?, —le preguntó.

Una sonrisa desarrugó el curtido rostro de su interlocutor. —De ningún modo. Todo está bien.

—Y entonces, ¿por qué está cerrando su quiosco de palomitas?

—Para irme a casa, sentarme en el portal, y tomar el té con mi esposa.

El comerciante le objetó. —Pero el día es aún joven. Todavía puede seguir vendiendo.

—No lo necesito, —replicó el dueño del quiosco—. Por hoy he hecho suficiente dinero.

—¿Suficiente? Eso es un disparate. Usted debe seguir trabajando.

El anciano le echó una mirada inquisitiva a su bien vestido visitante. —¿Y por qué debería seguir trabajando?

—Para vender más palomitas.

—¿Y para qué debería vender más palomitas?

—Porque mientras más palomitas venda, más dinero hará. Mientras más dinero haga, más rico será. Mientras más rico sea, más quioscos de palomitas podrá comprar. Mientras más quioscos de palomitas compre, más vendedores expenderán su producto, y más rico será usted. Y cuando tenga suficiente, puede dejar de trabajar, vender sus quioscos de palomitas, quedarse en casa, y sentarse en el portal con su esposa a tomar el té.

El vendedor de palomitas sonrío. —Puedo hacerlo hoy mismo. Creo que tengo suficiente.

Soy lo bastante rico: una frase a punto de extinguirse. Más es mejor, pensamos, trátese de papas fritas, pantallas de televisión o armarios para la ropa. Y me he preguntado qué diría mi papá de mi inclinación a beber *caffe lattes* a $3,45.

¿Quién podría discrepar de Linda Kulman? Ella escribió:

> Somos una nación que cree que debe tenerlo todo. En el año 1950, las familias estadounidenses eran propietarias de un automóvil y ahorraban para comprar el segundo. En el año 2000, casi una de cada cinco familias posee tres automóviles o más... los estadounidenses gastan más en bolsas para la basura de lo que gastan para cubrir todas sus necesidades 90 de los 210 países del mundo. En Estados Unidos el número de centros comerciales duplica el de los institutos de bachillerato.[1]

Al principio de siglo el residente promedio de los Estados Unidos deseaba tener 72 cosas diferentes y consideraba esenciales 18 de ellas. Actualmente, el promedio desea tener 500 cosas y considera esenciales un centenar.[2]

Nuestra obsesión por las cosas materiales tiene un alto precio. El 80 por ciento de nosotros debe lidiar con la presión de las cuentas no pagadas.[3] Invertimos el 110 por ciento de nuestros ingresos disponibles tratando de controlar las deudas.[4] Pero, ¿acaso alguien puede? Ya nuestra unidad de medida no son los vecinos sino las estrellas de la pantalla grande o las portadas de las revistas. Los diamantes de las divas de Hollywood hacen lucir los suyos como juguetes sacados de una expendedora de goma de mascar. ¿Quién satisfaría a Madison Avenue? Nadie. Es por eso que Jesús advierte: «Guardaos de toda avaricia; porque la vida del hombre no consiste en la abundancia de los bienes que posee» (Lucas 12.15).

El éxito no lo define la posición ni la escala de ingresos, sino hacer lo mejor lo más que pueda.

La avaricia viene en muchas formas. Avaricia de aprobación. Avaricia de aplausos. Avaricia de estatus. Avaricia por la mejor oficina, el automóvil más veloz, la novia más bella. La avaricia tiene muchos rostros, pero habla un solo idioma: el idioma del «más». Epicuro observaba: «Nada basta al hombre para quien lo bastante es muy poco».[5] ¿Y cómo era aquella observación de John D. Rockefeller? A él le preguntaron: «¿Cuánto dinero se necesita para satisfacer a un hombre?» Su respuesta fue: «Sólo un poco más».[6] Fue sabio quien escribió: «El que ama el dinero, no se saciará de dinero; y el que ama el mucho tener, no sacará fruto». (Eclesiastés 5.10).

La avaricia tiene un estómago rugiente. Aliméntelo, y se arriesgará a algo más que padecer estrechez por sus deudas. Se arriesga a perder su propósito. La avaricia puede seducirle a abandonar su punto óptimo.

Usted sabe cómo sucede. El vendedor de palomitas de maíz tiene un quiosco y un trabajo y maneja ambos hábilmente. Pero si bien sus ventas diarias cubren sus necesidades, no cubren igualmente sus gustos. Para ganar más, compra más quioscos; y para supervisarlos abandona el propio.

Entonces ya el vendedor callejero no vende; sino que administra. Lo cual no está mal, si es que nació para administrar. Pero ¿y si hubiese nacido para vender? Suponga que cambiara la calle y sus ríos de gente por cuatro paredes y un escritorio, ¿Estaría así renunciando a más de lo que ganaría?

La respuesta de Dios se encuentra en la primera parábola de las Escrituras. Mucho antes de que los lectores de la Biblia valoraran las historias del hijo pródigo y del buen samaritano, reflexionaban sobre la parábola de los árboles.

Jotam cuenta la historia. Él es el hijo de Gedeón y único sobreviviente de una masacre de 70 hombres. Abimelec autorizó esa matanza. Procuraba matar a cualquiera que le impidiese ocupar el trono. Jotam sale de su escondite el tiempo suficiente para dirigirse a los israelitas y contarles esta historia:

> Fueron una vez los árboles a elegir rey sobre sí, y dijeron al olivo: Reina sobre nosotros. Mas el olivo respondió: ¿He de dejar mi aceite, con el cual se honra a Dios y a los hombres, para ir a ser grande sobre los árboles?
>
> Y dijeron los árboles a la higuera: Anda tú, reina sobre nosotros. Y respondió la higuera: ¿He de dejar mi dulzura y mi buen fruto, para ir a ser grande sobre los árboles?
>
> Dijeron luego los árboles a la vid: Pues ven tú, reina sobre nosotros. Y la vid les respondió: ¿He de dejar mi mosto, que alegra a Dios y a los hombres, para ir a ser grande sobre los árboles?
>
> Dijeron entonces todos los árboles a la zarza: Anda tú, reina sobre nosotros. Y la zarza respondió a los árboles: Si en verdad me elegís por rey sobre vosotros, venid, abrigaos bajo mi sombra; y si no, salga fuego de la zarza y devore a los cedros del Líbano. (Jueces 9.8-15).

Por medio de la parábola, Jotam advirtió a los israelitas contra el espinoso Abimelec. También por medio de la parábola, Dios nos advierte contra esas promociones laborales que atizan la avaricia.

Los árboles hicieron al olivo, la higuera y la vid una invitación al trono: «Reina sobre nosotros» Uno por uno, estos rehusaron la oferta. El olivo quería seguir dando aceite. La higuera, higos, y la vid, uvas. Todos se negaron a pagar el precio de la promoción.

Estas plantas estaban orgullosas de sus misiones, ¿Para qué abandonar la fructificación? Al final, sólo la espinosa zarza aceptó la oferta.

Lea bien, esta historia es instructiva. *La ambición de ser grandes puede hacernos perder lo que teníamos de bueno.*

No todo maestro debe llegar a director de escuela. No todo carpintero debe dirigir una brigada. No todo músico debe dirigir una orquesta. Una promoción nos puede desplazar del punto óptimo. El delirio de tener más puede hacernos perder nuestro propósito.

La avaricia es mala consejera en materia de ocupación.

No porque los árboles le ofrezcan el trono, usted tiene que aceptarlo. Ni porque un rey le ofrezca una armadura, se la tiene que poner. David la rechazó. Cuando se ofreció como voluntario para enfrentarse a Goliat, el rey Saúl intentó ponerle al pastorcillo una armadura de soldado. Después de todo, Goliat medía casi tres metros de alto. Llevaba casco de bronce y su cota de malla pesaba cinco mil siclos, unos cincuenta y cinco kilos. Sus piernas estaban protegidas con bronce, e iba armado con una jabalina y una lanza cuya punta de hierro pesaba seiscientos siclos, o unos seis kilos (1 Samuel 17.4–7). ¿Y David? David tenía una honda. Es como si un VW modelo escarabajo se enfrentara contra un camión de 18 ruedas. Cuando Saúl vio a David indefenso, y a Goliat armado hasta los dientes, hizo lo que hubiera hecho cualquier rey de la Edad del Hierro. «Saúl vistió a David con sus ropas, y puso sobre su cabeza un casco de bronce, y le armó de coraza» (1 Samuel 17.38).

Pero David lo rechazó. Observe qué hizo este adolescente. «Y ciñó David su espada sobre sus vestidos, y probó a andar, porque nunca había hecho la prueba. Y dijo David a Saúl: Yo no puedo andar con esto, porque nunca lo practiqué. Y David echó de sí aquellas cosas» (v. 39).

David rechazó la armadura, escogió las piedras, derribó al gigante, y nos enseñó una poderosa elección: lo que sirve a otros, puede que no nos sirva a nosotros. Es más, lo que *al rey* le sirve quizás no le sirva a usted. No porque alguien le ofrezca su armadura, tiene usted que ponérsela. No porque alguien le ofrezca un consejo, un empleo, o una promoción, tiene usted que aceptarlo. Deje que sea su singularidad la que defina su camino en la vida. «Tú guardarás en completa paz a aquel cuyo pensamiento en ti persevera; porque en ti ha confiado» (Isaías 26.3).

Examine sus dones; conozca sus puntos fuertes. «Cada cual... piense de sí con cordura» (Romanos 12.3). Si alguien trata de desplazarle de su punto óptimo, deberá responder así: «Esta es mi HISTORIA, y me quedo con ella».

No se guíe por la avaricia.

La avaricia es mala consejera en materia de ocupación. Dice a la higuera que no dé higos, a los olivos que no den aceite, a las vides que no den uvas. No la consulte. «Sean vuestras costumbres sin avaricia, contentos con lo que tenéis ahora» (Hebreos 13.5). ¿No es mejor el trabajo idóneo con poco que el trabajo equivocado con mucho? «Mejor es lo poco con el temor de JEHOVÁ que el gran tesoro donde hay turbación» (Proverbios 15.16). Como reza el proverbio japonés: «Aun si pudieras dormir en una habitación donde hay mil esteras, sólo puedes dormir sobre una».[7]

No deje que la comezón por las cosas materiales ni el oído para los aplausos le descarrile de los designios que Dios tiene para usted.

En su obra *Money: A User's Manual* [El Dinero: Manual para el Usuario] Bob Russell describe a un agricultor que empezó a

Por las ansias de grandeza uno puede dejar de hacer el bien.

sentirse descontento con su granja. Se quejaba de que siempre debía estar cuidando y cortando los juncos del lago que había en su propiedad. Sus caminos se extendían sobre colinas, lo cual le obligaba a manejar siempre cuesta arriba y cuesta abajo. Y en sus pastizales pacían gordas vacas. ¡Qué dolor de cabeza alimentarlas y mantener en buen estado las cercas!

Decidió vender para mudarse a un lugar elegante. Llamó a una agente de bienes raíces e hizo planes para poner la granja en las listas de venta. Días después, su agente le telefoneó para que aprobara el aviso que planeaba poner en el diario local. Se lo leyó al granjero. Describía una granja hermosa en un lugar ideal, tranquilo y apacible, enmarcado por suaves colinas, alfombrado por prados, regado por un lago de aguas frescas, y bendecido con reses bien cebadas. El campesino le dijo: «Léame ese aviso otra vez».

Después de escucharlo de nuevo, se decidió: «He cambiado de opinión. Ya no voy a vender. Toda mi vida he estado buscando un lugar como ese».[8]

Pablo habría aplaudido a ese agricultor. Él aprendió la misma lección: «He aprendido a contentarme, cualquiera que sea mi situación» (Filipenses 4.11).

Antes de que cambie de trabajo, examine su perspectiva sobre la vida. El éxito no lo define una plaza laboral ni una escala salarial sino el rendir al máximo en lo que usted mejor sabe hacer.

Los padres deben dar ese consejo a sus hijos. Decirles que hagan lo que más les gusta, con tal calidad que alguien les pague por hacerlo.

Y las esposas deben urgir a sus cónyuges a optar por la satisfacción antes que por el salario. Es mejor ser feliz con poco que infeliz con mucho. Además, «Hay quienes pretenden ser ricos, y no tienen nada; Y hay quienes pretenden ser pobres, y tienen muchas riquezas» (Proverbios 13.7).

Amigos, id en pos de la virtud del contentamiento. «Gran ganancia es la piedad acompañada de contentamiento» (1 Timoteo 6.6). Cuando estéis escogiendo o cambiando de trabajo, sed prudentes. Consultad vuestros designios. Y a quien os diseñó. Pero no consultéis nunca a la avaricia.

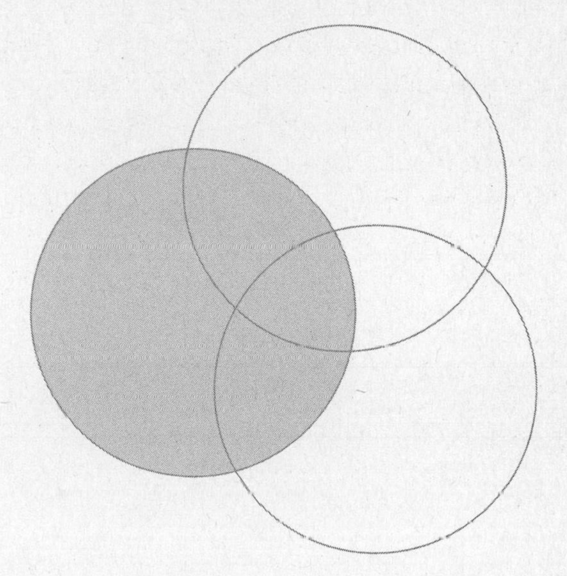

Sección segunda

Ponga en acción su singularidad

PARA HACER DE DIOS LO PRIMERO

cada día de su vida.

En el cofre de cedro de mi memoria está la imagen de una robusta y regordeta maestra de la escuela dominical para niños, en una pequeña iglesia del oeste de Texas. Usaba anteojos negros, puntiagudos en los extremos como una máscara de carnaval. Mechones argentados brillaban en su negro cabello como vetas de plata en la pared de una mina. Olía al maquillaje de mi madre, y cuando nos veía llegar a su clase, sonreía como un niño en Navidad. Zapatos de tacón bajo contenían sus gruesos tobillos, pero nada podía contener su pasión. Nos abrazaba a la entrada y a la salida. Conocía el nombre de cada uno de los seis, y su clase era tan divertida que antes nos perderíamos el camión del heladero que faltar a la escuela dominical.

¿Por qué le cuento sobre ella? Le encantaba entregarle a cada uno una lata de creyones y un dibujo de Jesús arrancado de un libro de colorear. Las latas habían sido reasignadas de la alacena al aula. Lo que antes contuviera melocotones o espinacas ahora contenía creyones. Entonces ella nos decía: «Tomen los creyones que les he dado y coloreen a Jesús». Y la obedecíamos con gusto.

No estábamos ilustrando un dibujo cualquiera; le dábamos color al Hijo de Dios. Tampoco hurtábamos creyones de otras latas; usábamos los que ella nos había entregado. En eso consistía la diversión. «Haz lo mejor que puedas con tu propia lata». ¿No había azul para colorear el cielo? Píntalo de violeta. A la maestra no le importaba si el cabello de Jesús era rubio o castaño. Simplemente llenaba la lata de creyones.

Ella nos enseñó a pintar a Jesús con nuestros propios colores.

Dios le ha creado a usted para que haga lo mismo. Él llenó su lata. Le hizo único. Pero no basta con saber lo que Él le ha dado. Debe entender para qué se lo dio: y entonces podrá colorear a Cristo. Hacer de Él lo primero. Embellecer su rostro; adornar su imagen. Hay un mensaje en los próximos capítulos: coloree a Cristo con los creyones que Dios le ha dado.

No desperdicie años embelleciendo su propia imagen. Con todo respeto, ¿a quién le hace falta ver su cara? Pero, ¿quién no necesita ver el rostro de Dios?

Además, Dios no ha prometido aplaudir a quienes se auto elogian. Pero grandes recompensas esperan a quienes a Él promueven: «Bien, buen siervo y fiel» (Mateo 25.23). La maestra hacía algo similar con nosotros. A juzgar por sus elogios, uno creería que en su clase se sentaban Rembrandt y Van Gogh. Agitaba en el aire uno por uno los Cristos recién coloreados. «Excelente trabajo, Max, ¡Excelente!»

Mi sonrisa era tan grande como una tajada de melón. Y así será la de usted.

Corra grandes riesgos por Dios

Porque no nos ha dado Dios espíritu de cobardía, sino de poder, de amor y de dominio propio.

2 Timoteo 1.7

Dos familias decidieron viajar el mismo mes, el mismo verano. Ambas necesitaban quien velara por la casa. Las dos me llamaron a mí. Tenía trece años, estaba desempleado y no tenía un centavo, así que acepté ambos trabajos.

Daba de comer a sus mascotas (las dos tenían perros), cortaba la hierba (las dos tenían césped), y recogía a diario su correo y sus periódicos (las dos tenían ambas cosas). Los dos trabajos eran idénticos, con una única excepción. Una que resultaría ser clave.

Uno de los dos trabajos me desagradaba. El otro me entusiasmaba.

Renegaba de mi tiempo en la casa de los Wilson, pero me encantaba estar en la de los Johnson, ¿Cuál era la diferencia? Al señor Wilson no lo conocía. Lo único que sabía de él era lo que veía: una cerca alta con postes puntiagudos; un bulldog gruñón de cara cuadrada; y un Cadillac cola de pato, como los que conducen los pandilleros en las películas.

¿Cerca alta, perro malo, auto de gángster? Le estropearé el césped y que se prepare a nadar sobre el cemento. Detestaba ese trabajo con los Wilson.

Sin embargo, adoraba el trabajo con los Johnson. El señor Johnson también tenía una cerca y un perro. Y manejaba un camión, que muchas veces podía verse estacionado frente a mi casa. Él conocía a nuestra familia. Yo conocía su risa, quién era su esposa y su jugador favorito de fútbol americano. Y como conocía al hombre, disfrutaba trabajar para él.

La forma en que usted se relaciona con el dueño de la casa le da color a todo. Si le disgusta, odiará su trabajo. Si confía en él, lo adorará.

Y lo mismo sucede con la forma en que usted percibe al dueño del Universo, ¿Cree usted que Dios le trata con la sensibilidad de un celador del campo de concentración de Auschwitz? Esta suposición garantizará diarias dosis de disgusto a su corazón ¿O cree que Dios le ama como Stradivarius amaría su mejor violín? Sí, Él le ama. Créalo, y explotará sus fuerzas con gozo inefable.

Jesús lo ilustró en su dramática parábola de los talentos:

> Porque el reino de los cielos es como un hombre que yéndose lejos, llamó a sus siervos y les entregó sus bienes. A uno dio cinco talentos, y a otro dos, y a otro uno, a cada uno conforme a su capacidad; y luego se fue lejos (Mateo 25.14–15).

Antes de que la palabra «talento» significara habilidad, servía para designar el dinero. Representaba la mayor unidad monetaria en la contabilidad del dinero griego: 10.000 denarios.[1] Según la parábola de los obreros, un denario representaba el salario de un día (Mateo 20.2). Multiplique por 10.000 su jornal, y descubrirá el valor de un talento. Si usted ganara 30.000 dólares anuales y trabajara cada año 260 días, estaría ganando unos 115 dólares diarios. En su caso un talento estaría valorado en 10.000 veces 115 dólares o 1 millón 150.000 dólares.

Pongamos esto en perspectiva. Suponga que una persona gana 30.000 dólares anuales durante cuarenta años. Los ingresos de toda su vida sumarían 1 millón 200.000 dólares, sólo 50.000 más que un talento. Un talento equivale, por tanto, a los ingresos de toda una vida. Eso es mucho dinero y un punto clave en esta parábola. Los designios de Dios para usted y su singularidad tienen en el cielo un alto valor de mercado. Dios no le confió un talento de dos dólares ni habilidades de cinco. Considérese como una inversión millonaria, y en muchos casos, una empresa multimillonaria.

Dios no escatima sus dones, sino que los prodiga en abundancia.

Dios no escatima sus dones, sino que los prodiga en abundancia.

Y tampoco los da al azar, sino con mucho cuidado: «a cada uno conforme a su capacidad» (Mateo 25.15).[2]

Recuerde, nadie más tiene los talentos que tiene usted. Nadie. Dios le eleva sobre lo común al aparejar sus capacidades únicas con asignaciones hechas a su medida.

En la parábola, los dos primeros siervos honraron la confianza de su amo. «El que había recibido cinco talentos fue y negoció con ellos, y ganó otros cinco talentos. Asimismo, el que había recibido dos, ganó también otros dos» (vv. 16–17).

El siervo a quien fueron dados cinco talentos no lo dejó para luego. Él «fue y negoció con ellos» el dinero. Compró revistas sobre inversiones y se hizo asiduo televidente del canal de los negocios. Una pista confiable le condujo a examinar una propiedad. Escuchó hablar de una franquicia necesitada de capital.

Sopesó sus opciones, procesó las cifras, tomó aire, y se zambulló. Invirtió el dinero.

El segundo siervo mostró igual impaciencia. Cierto, solo tenía dos talentos, pero seguro que los puso a funcionar. Como el primer siervo, negoció e invirtió.

Pero corrió riesgos. Los dos se expusieron a fracasar. ¿Quién podía anticipar si sus inversiones no se convertirían en agua y sal? Nadie. Pero, aun así decidieron asumir el riesgo.

Y su amo los ensalzó por ello. Cuando regresó de su viaje, aplaudió la actitud del de los cinco talentos: «Buen siervo y fiel; sobre poco has sido fiel, sobre mucho te pondré» (v. 21).

Con estas palabras Jesús nos permite echar una mirada al final de la historia, el día no anunciado que «vendrá como ladrón en la noche; en el cual los cielos pasarán con grande estruendo, y los elementos ardiendo serán deshechos, y la tierra y las obras que en ella hay serán quemadas» (2 Pedro 3.10).

«Buen siervo y fiel» llamará Jesús a algunos, ¿No anhela usted ser contado entre ellos? ¿Que su creador le mire a los ojos, mientras toda la humanidad observa y escucha, y que le diga «Buen siervo y fiel»? Quizás su padre nunca haya tenido un elogio para usted y sus maestros siempre le criticaron, pero Dios va a aplaudirle.

¿Y que Él le llame «bueno»? ¡Cuando Él hace tal cosa, eso cuenta! Solo Él puede hacer buenos a malvados pecadores. Y solo Él puede hacer fiel al débil. «Buen siervo y fiel». No «bueno y deslumbrante» ni «bueno y famoso». Ni siquiera «bueno y trabajador». Sólo fiel.

Habiéndose dirigido al siervo de los cinco talentos, el amo se volvió a aquel a quien le había entregado dos talentos. Si había dispensado elogios al gerente de los cinco millones de dólares, ¿Qué podría decir al de los dos millones? ¡Exactamente las mismas palabras!: «.Bien, buen siervo y fiel; sobre poco has sido fiel, sobre mucho te pondré; entra en el gozo de tu señor» (Mateo 25.23).

No alteró frase alguna ni omitió honores. El siervo de los dos talentos que fielmente llena vasos de gaseosa para ofrecer a los desamparados recibe el mismo aplauso que el evangelista de cinco talentos que llena de personas los estadios. Fruto diferente, elogios iguales.

¿Moraleja? ¡Utilice su singularidad corriendo grandes riesgos para Dios!

¡Utilice su singularidad corriendo grandes riesgos para Dios!

Si usted tiene ángel para los niños, haga trabajo voluntario en un orfelinato.

Si tiene cabeza para los negocios, organice una olla para los pobres.

Si Dios le dio inclinación por la medicina, dedíqueles un día o diez años a los pacientes de SIDA.

El único error es no arriesgarse a cometer uno.

Y ese fue el error del siervo a quien su amo confió un talento ¿Reparó en él el amo? Claro que sí. Y de este tercer siervo aprendemos una importante lección. «Pero llegando también el que había recibido un talento, dijo: Señor, te conocía que eres hombre duro, que siegas donde no sembraste y recoges donde no esparciste; por lo cual tuve miedo, y fui y escondí tu talento en la tierra» (Mateo 25.24–25).

Compare la reacción del tercer siervo con la de los dos primeros.

Los siervos fieles «fueron y negociaron» (v. 16). El temeroso, «fue y escondió» (v. 18).

Los dos primeros invirtieron. El último, enterró.

Los dos primeros subieron a una rama. El tercero se abrazó al tronco.

Este cometió el error más trágico y común entre quienes han recibido dones: no beneficiar con su talento a su señor. Todo el mundo tiene talentos. Esta parábola, y en general las Escrituras, lo confirman. Pero, ¿cuántos invierten sus dones para la ganancia del Señor?

Muchos descubren su «para qué he sido creado». Y pueden tener la suerte de saber «dónde» emplear su «para qué». Pero ¿«por qué»? ¿Por qué Dios empacó su equipaje de la manera que lo hizo?

Contador, ¿cómo explicas tu sexto sentido para los cálculos?

Inversor, tú puedes leer la Bolsa de Valores como Bobby Fischer lee el tablero de ajedrez. ¿Te preguntaste alguna vez por qué tienes esa habilidad?

Lingüista, los idiomas foráneos paralizan la mayoría de las lenguas, y sin embargo liberan la tuya, ¿Por qué?

Y, ama de casa, pones a funcionar un hogar como el motor de un Rolls Royce. ¿Con qué propósito?

Luego entonces ¿por qué será que le adoran, le pagan, le admiran, le contratan? Si en la respuesta sólo se ve involucrado usted, habrá pasado por alto la razón principal, y estará cometiendo el mayor de los errores.

El pecado, en su esencia más inconsistente, confisca los dones del cielo en nombre de la ganancia personal. C. S. Lewis escribió:

> El pecado es la distorsión de una energía alentada en nosotros: energía que, de no ser así distorsionada, habría florecido en uno de esos actos santos de los cuales son descripciones igualmente acertadas: «Dios lo ha hecho» y «yo lo he hecho». Envenenamos el vino según lo sirve Él en nosotros; asesinamos las melodías que Él desearía tocar tañéndonos como su instrumento. El autorretrato que Él pintaría lo convertimos en caricatura. De aquí que todo pecado, además de cualquier otra cosa, sea un sacrilegio.[3]

Mientras servía al Señor en Brasil, supervisaba el ministerio de beneficencia de nuestra pequeña iglesia. Por las calles de Río de Janeiro deambula gente necesitada. Muchas veces buscaba nuestra ayuda. Nos resistíamos a darles efectivo, pero en ocasiones no teníamos otra alternativa. Con frecuencia descubría a alguien a quien habíamos ayudado aquel mismo día tambaleándose bajo la influencia del alcohol. Eso me irritaba. «Le di ese dinero para comprar alimentos, ¿Cómo puede usarlo para embriagarse?»

¿Cometía un error al enojarme? No. Esa persona había utilizado mal un don...

¿Está mal entonces que el Señor se enoje cuando nosotros hacemos la misma cosa? No. Y conforme a la citada parábola, Dios se va a enojar.

Algunos invierten sus talentos y le dan la gloria a Dios. Otros desperdician sus talentos y sólo dan a Dios motivo de pesar. Algunos le honran con los frutos. Otros le insultan con sus excusas, como hizo el siervo a quien su amo confió un talento. «Te conocía que eres hombre duro, que siegas donde no sembraste y recoges donde no esparciste», le dijo.

El Señor no podría apoyar tal actitud. Prepárese a afrontar la fuerza de su respuesta. «Siervo malo y negligente, sabías que siego donde no sembré, y que recojo donde no esparcí. Por tanto, debías haber dado mi dinero a los banqueros, y al venir yo, hubiera recibido lo que es mío con los intereses» (Mateo 26.27).

¿Qué ha sucedido? ¿Por qué esa llamarada? Encontrará la respuesta en la frase que falta. El amo repitió la valoración de su siervo, palabra por palabra, con una única exclusión. ¿Se dio cuenta? «Te conocía que eres hombre duro» (Mateo 25.24). Lo que el amo no repitió era una descripción que no estaba dispuesto a aceptar.

Al llamar a su amo «hombre duro» el siervo formuló un juicio cruel. Utilizó en lugar de «duro» exactamente la misma palabra que Cristo empleó para describir a los tercos y arrogantes fariseos (ver Mateo 19.8; Hechos 7.5). El escritor de la epístola a los Hebreos usa el término para rogar a sus lectores que no dejen endurecer sus corazones (3.8). El siervo de un solo talento llamó a su Señor arrogante, terco y duro.

Su pecado no fue una mala gerencia, sino una pobre comprensión ¿Podía ser «duro» su amo, que distribuía multimillonarias dotes a siervos que no lo merecían? Él rindió igual tributo al obrero de los dos talentos y al de los cinco; se encontró con ambos frente a frente a su regreso a casa y anunció ante los públicos del cielo y del infierno: «Bien, buen siervo y fiel».

El único error es no arriesgarse a cometer uno.

¿Era este un amo duro? Era infinitamente bueno, y generoso en abundancia. Pero, ¿duro? No.

El siervo de un solo talento nunca conoció a su amo. Más le habría valido conocerlo. Vivía bajo su mismo techo y compartía su dirección. Conocía su rostro, su nombre, pero jamás conoció el corazón de su señor. Y, a consecuencia de ello, se lo rompió.

Él *pudo* haber conocido a su señor, como lo hicieron los otros. Al menos podía haberles preguntado a ellos. Pero no lo hizo. Y al final el amo ordenó deshacerse de aquel que sólo jugaba a seguro y era incapaz de subir a las ramas. «Al siervo inútil echadle en las tinieblas de afuera» (Mateo 25.30).

Jesús se niega a suavizar estas palabras. Falsos siervos pueblan la morada del Señor. Disfrutan su Universo, se benefician de este mundo; conocen su nombre, sus costumbres; e incluso frecuentan su presencia. Pero nunca conocieron su pasión, y en consecuencia utilizan mal sus talentos.

¿Quién es este siervo inútil? Tal vez usted, si nunca usa sus dones para la gloria de Dios. O si cree que Dios es un dios duro. De ese modo vivirá una vida de talentos enterrados.

Esconderá sus dones multimillonarios en una lata de café; la lata, en una gaveta; y no reportará a Dios ganancia alguna. Podrá usar su singularidad para hacerse de una reputación, una cuenta de retiro o inversiones, o levantar un imperio, pero no estará construyendo el reino de Dios. Tal vez conozca su HISTORIA, pero no compartirá la de Él. Como me sucedió a mí con el Sr. Wilson, usted podrá cortar su césped y dar de comer a su perro, pero lo hará con desgano. Con un corazón frío. Algunos, por temor a cometer un error en favor de Dios, no hacen nada por Él. Otros, por temor a tomar una decisión equivocada en pro del reino, no toman ninguna. Por miedo a equivocarse, algunos pierden la oportunidad. Solo dan lo que dio el siervo de la parábola y por tanto escuchan lo que él escuchó: «Siervo malo y negligente» (v. 26).

Pero este no tiene que ser su destino. No es aún tan tarde para buscar el corazón de su Padre. Su Dios es un Dios bueno.

> Misericordioso y clemente es JEHOVÁ;
> Lento para la ira, y grande en misericordia.
> No contenderá para siempre,
> Ni para siempre guardará el enojo.
> No ha hecho con nosotros conforme a nuestras iniquidades,
> Ni nos ha pagado conforme a nuestros pecados.
> Porque como la altura de los cielos sobre la tierra,
> Engrandeció su misericordia sobre los que le temen.
> Cuanto está lejos el oriente del occidente,
> Hizo alejar de nosotros nuestras rebeliones.
> Como el padre se compadece de los hijos,
> Se compadece Jehová de los que le temen.
> (Salmo 103.8–13)

¿Le revelan estos versos un Dios arrogante, desganado, terco? En modo alguno. Él le colmó con dones en esta vida, y le prometió otra. Súbase a las ramas; Él no le dejará caer. Asuma grandes riesgos; Él no le dejara fracasar. Él le invita a soñar con el día cuando sentirá posarse en su hombro Su mano y en su rostro Sus ojos. «Bien», le dirá, «Buen siervo y fiel».

¿Está seguro de que escuchará alguna vez estas palabras? Si lo está, ¡tome entonces su lata de creyones y coloree a Cristo! Si no, dedique un tiempo al siguiente capítulo. Cuando lo escribí le tenía a usted presente. Le pido a Dios que lo utilice para guiarle al punto óptimo del universo, donde sus mejores dones sirven los propósitos más elevados: hacer de Dios lo primero en su vida.

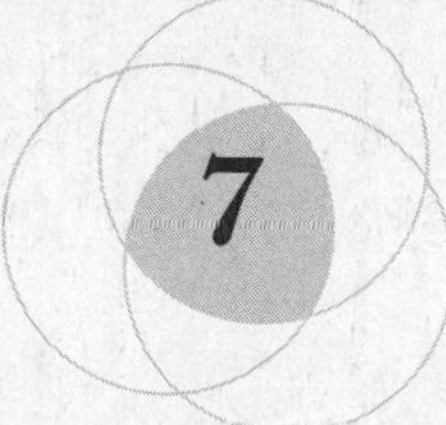

Venga al punto óptimo del universo

Cristo padeció una sola vez por los pecados,
el justo por los injustos, para llevarnos a Dios.

1 Pedro 3.18

Vivía la vida apáticamente, en una aldea dormida en las afueras de Roma, Italia, junto con sus libros y siete gatos. Su esposa había muerto hacía 12 años, y su única hija trabajaba en Afganistán. Su vida tenía un ritmo sórdido, rara vez se aventuraba a salir o hablar con otras personas.

Era una vida incolora, gris y solitaria. Y el día que decidió hacer algo, Giorgio Angelozzi se ofreció en adopción. Como lo oye: aquel octogenario publicó un clasificado en el mayor diario de Italia: «Busco familia necesitada de un abuelo. Aportaré 500 euros mensuales a una familia dispuesta a adoptarme».

Aquel anuncio cambió su vida.

El periódico publicó un reportaje de primera plana sobre él. Las preguntas llovieron de lugares tan lejanos como Colombia, Nueva Zelanda, y Nueva Jersey. De la noche a la mañana Angelozzi se convirtió en una celebridad. Pasó de tener tiempo de sobra, a apenas tener tiempo para atender entrevistas y peticiones.

Una estrella de la música pop respondió. Un millonario le ofreció sirvientes y una villa junto al mar. Pero entre todas las cartas, explicó Angelozzi, una se destacaba, porque venía firmada por todos los miembros de la familia: padre, madre, hermana y hermano.

Las informaciones más recientes cuentan que se estableció felizmente con ellos en el apartamento de la planta baja, dando paseos por el jardín, ayudando a lavar los platos y otras tareas. «No pude haber elegido mejor», dice. «Quizás fue suerte o quizás fue que Dios me andaba buscando, no sé.... pero supe enseguida que había encontrado mi nuevo hogar».[1]

El segundo «quizás» parece tener más sentido. El cielo nunca exporta monotonía. Cristo una vez anunció: «Yo he venido para que tengan vida, y para que la tengan en abundancia» (Juan 10.10). Ni tampoco es Dios el autor de la soledad. Entre las primeras palabras registradas de nuestro Creador figuran estas: «No es bueno que el hombre esté solo» (Génesis 2.18).

A veces podemos desear momentos de soledad pero, ¿toda una vida? De ningún modo. Muchos de nosotros conocemos el lenguaje de la soledad.

Nadie me conoce, pensamos. *Saben mi nombre pero no conocen mi corazón. Han visto mi rostro, pero no mis sentimientos. Tengo un número de seguro social, pero no un alma gemela. Nadie me conoce en verdad. Y...*

Nadie comparte mi vida. Dos neoyorquinos emprendedores venden abrazos colectivos. Usted puede comprarlos. Puede asistir a una fiesta de abrazos con todo y códigos de conducta.[2] Anhelamos el contacto físico. Desde que Eva fue creada de la costilla de Adán, hemos estado extendiendo las manos para tocarnos. Necesitamos conectarnos. Y también necesitamos hacer una diferencia.

El himno del corazón solitario tiene un tercer verso:

Nadie me necesita. Mis hijos me necesitaban... Mi empresa alguna vez tuvo necesidad de mí... Mi esposa nunca me necesita... La gente solitaria lucha contra la sensación de sentirse insignificante.

¿Qué hace usted con tales pensamientos? *Nadie me conoce. Nadie comparte mi vida. Nadie me necesita.* ¿Cómo brega usted con tales clamores de significación?

Algunos procuran permanecer ocupados; otros, permanecer embriagados. Hay quienes se compran una mascota; otros, pagan un compañero sexual. Algunos buscan la ayuda de un psicólogo. Y sólo unos cuantos buscan a Dios.

Él invita a todos los insignificantes. Su tratamiento para esta dolencia no le conducirá a un bar ni a un servicio de citas, a buscar esposa o afiliarse a un club social. La cura definitiva de Dios para la vida común nos lleva a un pesebre. Al niño de Belén. Al Emanuel, ¿Recuerda la promesa del ángel? «He aquí, una virgen concebirá y dará a luz un hijo. Y llamarás su nombre Emanuel, que traducido es: Dios con nosotros» (Mateo 1.23).

Jesús nos ama demasiado para dejarnos solos.

Emanuel. El nombre aparece con la misma forma hebrea con que aparecía dos mil años atrás. «Immanu» quiere decir «con nosotros». «Él» se refiere a Elohim, o Dios. No a «Dios sobre nosotros» ni a «Dios en algún lugar del vecindario». Vino como el Emanuel, «con nosotros-Dios», Dios con nosotros.

No «Dios con los ricos» ni «Dios con los religiosos». Sino Dios con *nosotros.* Todos nosotros. Rusos, alemanes, budistas, mormones, camioneros y taxistas, bibliotecarios. Dios con *nosotros.*

Dios *con* nosotros. ¿Cierto que nos gusta la palabra «con»? «¿Vas a ir *con*migo?», preguntamos. «¿A la tienda, al hospital, por lo que dure mi vida?» Dios responde afirmativamente. «Yo estoy con vosotros todos los días», dijo Jesús antes de ascender al cielo, «hasta el fin del mundo» (Mateo 28.20). Si busca restricciones en esta promesa no las hallará. No encontrará nada como: «Estoy contigo si te portas bien... cuando creas en mí. Estaré contigo los domingos en la adoración... en la misa» No, no hay nada de eso. No hay impuestos retenidos en la promesa divina del «con». Él está *con* nosotros.

Dios está con nosotros.

Los profetas no serían suficientes. Los apóstoles no bastarían. Tampoco los ángeles. Dios envió algo más que milagros y mensajes. Se envió a sí mismo; envió a su hijo. «Y aquel Verbo fue hecho carne, y habitó entre nosotros» (Juan 1.14).

El esposo de mi sobrina consiguió un trabajo en otra ciudad. Mientras se mudaba estuvo dando viajes de ida y vuelta los fines de semana durante un mes. Veía menos a sus hijos que lo que cualquiera de ellos hubiese querido. Una tarde llamó para dar al de tres años las buenas noches. Pero este rehusó ponerse al teléfono. «Yo no quiero oír su voz», objetó el pequeño. «Yo lo quiero a él».

Proclame la palabra. Dios está con nosotros, no estamos solos.

Durante miles de años, Dios sólo nos dio su voz. Antes de Belén, prodigaban sus mensajeros, sus maestros, sus palabras. Pero en el pesebre, Dios se dio a sí mismo.

Esta enseñanza resulta incomprensible para muchos. El Islam cree que la tarea de Dios es enviar a otros. Que envía ángeles, profetas, libros, pero que es demasiado santo para rebajarse a venir a nosotros. Concebir que Dios pudiera tocar la tierra sería considerado una «evasión».[3] En esa cultura, quienes afirman que Dios ha tocado la tierra evaden su santidad; lo hacen a Él grosero y también blasfeman de Él.

El cristianismo, en contraste, celebra el magno descenso de Dios. Su naturaleza no le deja atrapado en el cielo, sino que le conduce a la tierra. En el gran evangelio de Dios, Él no sólo envía, sino que se convierte; no sólo nos observa desde lo alto, sino que vive entre nosotros; no sólo nos habla, sino que habita con nosotros como uno más.

Él nada en el útero de María.

Sonríe sobre la paja irritante del pesebre.

Se tambalea aprendiendo a caminar.

Salta sobre el lomo del pollino.

Dios con nosotros.

Él conoce el dolor. Sus hermanos le llamaron loco.

Él conoce el hambre. La mitiga comiendo el grano del trigal.

Él conoce el agotamiento. Rendido de sueño, dormita en una barca remecida por la tormenta.

Él conoce la traición. A Judas le dedicó tres años de amor. Judas, en pago, dio a Jesús el beso del traidor.

Y más que todo, Él conoce el pecado. Claro que no el propio. Pero conoce el de usted.

Todas las mentiras que ha dicho.

Todas las personas a quienes ha herido.

Todas las monedas que ha robado.

Todas las promesas que ha roto.

Todas las virtudes que ha abandonado.

Todas las oportunidades que ha desperdiciado.

Cada acto suyo contra Dios —pues todo pecado es contra Dios— lo conoce Jesús. Él los conoce mejor que usted. Él conoce su precio. Porque lo pagó. «Porque también Cristo padeció una sola vez por los pecados, el justo por los injustos, para llevarnos a Dios» (1 Pedro 3.18).

El pequeño Blake Rogers puede ayudarnos a entender el magnánimo acto de gracia de Jesús. Él ofreció un presente remotamente similar a su amiga Maura. Blake y Maura son alumnos de la misma clase de kindergarten. Un día, ella empezó a tararear una melodía. La maestra le dio las gracias por la música pero ordenó a Maura que parara. Es mala educación tararear en clase.

Pero ella no pudo. La canción que bullía en su mente demandaba que siguiera tarareando. Después de varias advertencias, la maestra tomó medidas. Cambió la banderola de Maura del color verde en el gráfico hacia el temido color azul. Esto implicaba problemas.

Y esos problemas atribularían a Maura. Las banderolas de todos los demás estaban en la zona verde. Maura había quedado sola en la zona azul.

Blake intentó ayudarla. Le daba palmadas en la espalda, le hacía muecas, y le ofrecía palabras de consuelo. Pero nada de ello funcionaba. Maura seguía sintiéndose sola. De modo que Blake hizo el mayor de los sacrificios. Asegurándose de que la maestra le veía, empezó a tararear. Ella le ordenó parar. Pero él desobedeció. A la maestra no le quedó otra alternativa que sacar su banderola de la zona azul y ponerla en la verde.

Blake sonrió, y Maura dejó de llorar. Tenía un amigo. Y nosotros tenemos un lienzo, el lienzo de lo que Cristo hizo por nosotros.

Que nos coloreen de azul. Cada uno de nosotros ha dado una pincelada azul con sus pecados. Ellos nos han separado de Dios. Pero Jesús nos amaba demasiado para dejarnos solos. Como Blake, pasó voluntariamente del verde al azul, de lo justo a lo injusto.

Mas ahí termina la analogía. Blake cargó la soledad de Maura, pero Cristo cargó mucho más. Él tomó nuestro lugar. Pasó de verde a azul para que nosotros pudiéramos pasar de azul a verde. «Porque también Cristo padeció una sola vez por los pecados, el justo por los injustos, para llevarnos a Dios».

Cristo nos quita el pecado, y al hacerlo, nos despoja de la mediocridad. Ya no tenemos que decir: «Nadie me conoce». Dios le conoce. Él esculpió el nombre suyo en las palmas de sus manos y puso sus lágrimas en su redoma (Isaías 49.16; Salmo 56.8). «Señor... tú sabes todo de mí», descubrió David. «Tú has conocido mi sentarme y mi levantarme. Has entendido desde lejos mis pensamientos. Has escudriñado mi andar y mi reposo. Tú conoces todos mis caminos... Detrás y delante me rodeaste... Y sobre mí pusiste tu mano» (Salmo 139.1–3, 5).

Dios le conoce, ¡Y está muy cerca de usted! ¿Estará lejos de las ovejas el pastor? (Juan 10.14) ¿O la vid de los pámpanos? (Juan 15.5) A esa misma distancia se encuentra Dios de usted. Muy cerca. Pruebe a escribir estas cuatro palabras con cinta adhesiva sobre el espejo del baño, y fíjese cómo lucen: «Dios esta por mí» (Salmo 56.9).

Es inútil que busque la fuerza que Dios le dio mientras no confíe en la de Él.

Su reino le necesita. Los pobres le necesitan; los muertos de soledad le necesitan; le necesita la iglesia... la causa de Dios le necesita. Usted es parte del «propósito del que hace todas las cosas según el designio de su voluntad» (Efesios 1.11). Su reino necesita que usted descubra y despliegue sus capacidades únicas. Que las use para trabajar en favor de Dios. Que proclame la buena nueva: Dios está con nosotros; no estamos solos.

El corazón solitario de Giorgio Angelozzi le empujó a buscar un hogar. Y lo encontró. Desafortunadamente, ese hogar no será eterno. Pero el suyo sí lo será. Más allá de la tumba le espera el lugar que Dios ha preparado para usted. «Vendré otra vez, y os tomaré», prometió, «para que donde yo estoy, vosotros también estéis» (Juan 14.3).

«No nos ha puesto Dios para ira, sino para alcanzar salvación» (1 Tesalonicenses 5.9). Usted nació para ser salvado, ¿Le ha permitido a Jesús que lo haga? Piense detenidamente. Una persona puede ser religiosa y continuar condenada. No por ir al rodeo se convierte uno en vaquero, ni asistir a la iglesia basta para hacerle hijo de Dios. Debe aceptar su oferta. ¿Puede señalar en el almanaque de su vida un día como aquel cuando fue rescatado?

Será inútil que busque la fuerza que Dios le dio mientras no confíe en la de Él. «En él asimismo tuvimos herencia, habiendo sido predestinados conforme al propósito del que hace todas las cosas» (Efesios 1.11). Tómese unos minutos y hable con Dios. Bien esté tomando una decisión o reafirmando una anterior, hable con su Creador sobre la vida eterna. Puede que esta oración le sea útil: *Emmanuel, tú estás conmigo. Te encarnaste y te hiciste hombre. Te convertiste en Salvador y cargaste mis pecados. Yo acepto ese regalo. Te recibo como mi Señor, mi Salvador, y mi amigo. Gracias a ti, nunca más volveré a estar solo.*[4]

Mientras escribo este capítulo, el banco me ha enviado un aviso de sobregiro en la cuenta corriente de una de mis hijas. A las que ya están en edad universitaria las insto a vigilar sus cuentas. Pero aun así, a veces se pasan.

¿Qué debo hacer? ¿Dejar que el banco absorba la diferencia? No lo hará. ¿Enviarle una carta de amonestación? Quizás más tarde eso la ayude, pero no satisfará al banco ¿Llamarla por teléfono y pedirle que haga un depósito? Sería como pedir a un pez que volara. Conozco bien su liquidez. Cero.

¿Transferir dinero de mi cuenta a la de ella? Me parece la mejor opción. Después de todo, me quedaban $25,37. Suficiente para mantener abierta su cuenta y pagar el recargo del sobregiro.

Además, esa es mi misión. No se entusiasme. Si se sobregira, no me llamé a mí. Porque mi hija puede hacer algo que usted no puede: me puede llamar Papá. Y es por eso que hice lo que haría cualquier papá: subsanar el error de su hija.

Cuando le dije que se había sobregirado, respondió que lo sentía. Pero no ofreció hacer depósito alguno. Estaba en cero. Pero tenía una alternativa. «Papá, ¿crees que podrías...» La interrumpí. «Cariño, ya lo hice». Cubrí su necesidad antes de que ella supiera que la tenía.

Su padre hizo lo mismo por usted mucho antes de que usted supiera que necesitaba de la gracia. Hizo un depósito, un generoso depósito. «Siendo aún pecadores, Cristo murió por nosotros» (Romanos 5.8). Antes que usted supiera que necesitaba un Salvador, ya lo tenía. Y cuando usted le ruega misericordia, Él le responde «Ya te la he dado, hijo mío, ya te la he dado».

> Antes que usted supiera que necesitaba un Salvador, ya lo tenía.

¡Pero hay más! Cuando usted deposita su confianza en Cristo, Él pone en usted su Espíritu. Y cuando el Espíritu llega, trae con él dones, presentes que calientan su hogar. «A cada uno le es dada la manifestación del Espíritu para provecho» (1 Corintios 12.7). Recuerde, Dios le ha preempacado con talentos. Cuando uno se convierte en hijo suyo, el Espíritu Santo reclama sus capacidades para la expansión del reino de Dios, y estas se convierten en dones espirituales. Puede que el Espíritu añada otros dones conforme a su plan. Pero a nadie se le priva de los suyos.

¿Se siente solo? Dios está con usted.

¿Se siente agotado? Él cubre el sobregiro.

¿Hastiado de una existencia ordinaria? Su aventura espiritual le aguarda.

La cura para la vida común empieza y termina con Dios.

Aplauda a Dios, con energía y con frecuencia

Los verdaderos adoradores adorarán al Padre en espíritu y en verdad; porque también el Padre tales adoradores busca que le adoren.

Juan 4.24

Los seres humanos sufrimos de una visión distorsionada. No se trata de la visión *ocular*, distorsión que puede ser corregida con lentes. Esta otra desdibuja la imagen que tenemos de nosotros mismos.

Algunos se tienen una estima demasiado alta. Puede ser un doctorado o el árbol genealógico. También funciona un tatuaje; un camión nuevo, o el Premio Nóbel de la Paz. Cualquiera sea la causa, el resultado es el mismo. «Soy un superdotado. Puedo hacer cualquier cosa».

Las personas enfocadas en sí mismas, imprudentemente seguras de sí y en extremo autosuficientes, trascendieron hace tiempo los límites de la auto confianza y entraron en un estado de engreimiento. Si nos preguntáramos cuánto de «aire» hay en la arrogancia y cuánto de «vano» en la vanagloria podríamos hallar la respuesta en aquellos que creen que pueden hacer «cualquier cosa».

Usted ha pronunciado esas palabras. Al menos por un período corto. O quizás toda la vida. Todos nos declaramos culpables de cierto nivel de superioridad.

Pero también conocemos el otro extremo: «No sé hacer nada bien».

¿La razón principal para aplaudir a Dios? Él se lo merece.

Aquí no se trata del aire liviano de lo pomposo; este otro tipo de persona respira el aire denso, cenagoso, de la derrota auto infligida. Las cucarachas deben tener mayor autoestima. Las lombrices son más altivas. «Soy un vagabundo. Una escoria. Al mundo le iría mejor sin mí».

El divorcio ocasiona tales trastornos. También las enfermedades y los despidos. Si el primer grupo era arrogante, este carece de fe en sí mismo. Cúlpelos de cualquier inconveniente y no objetarán. Simplemente asentirán diciendo «No sé hacer nada bien».

Son dos extremos de una visión distorsionada de sí mismo. El narcisismo y la carencia de autoestima. Oscilamos de un extremo al otro. Promociones y remociones empujan el péndulo. Un día nos apreciamos demasiado; el siguiente, muy poco. Ninguna de las dos actitudes es correcta. Ambas son inexactas. ¿Dónde está entonces la verdad?

Incrustada en el centro. El centro exacto entre «Puedo hacer cualquier cosa» y «No sé hacer nada bien» se encuentra en «Todo lo puedo en Cristo que me fortalece» (Filipenses 4.13).

Ni omnipotente ni impotente, ni el jugador más valioso de Dios, ni tampoco un error de la creación. Ni seguro ni inseguro de sí mismo, sino seguro en Dios: una autoestima basada en nuestra identidad como hijos de Dios. La visión correcta de nosotros mismos se encuentra en el justo centro.

Pero, ¿cómo llegar allí? ¿Cómo podemos estabilizar el péndulo en el centro? ¿Consejería? ¿Psicoterapia? ¿Autoayuda? ¿Largas caminatas? ¿Salir a cenar con Max Lucado? Todas son actividades aconsejables, pero no pueden compararse con la cura divina para una visión distorsionada de nosotros mismos: adoración.

¿Le sorprende? La palabra evoca muchos pensamientos, no todos positivos. Canciones anticuadas. Oraciones machacadas. Sermones irrelevantes. Magras ofrendas. Ritos extraños, ¿Para qué adorar? ¿Qué tiene que ver la adoración con la cura para la vida común?

Una adoración honesta nos lleva a quitar los ojos de nosotros mismos para fijarlos en Dios. El más famoso líder de adoración de las Escrituras escribió: «Tributad a Jehová, oh hijos de los poderosos, dad a Jehová la gloria y el poder. Dad a Jehová la gloria debida a su nombre; adorad a Jehová en la hermosura de la santidad» (Salmo 29.1–2).

La adoración honra a Dios, le tributa una cerrada ovación.

Podemos esforzarnos por honrar a Dios los domingos con nuestras canciones y los lunes con nuestros dones. Y cada día con cada uno de nuestros actos. Cada vez que hacemos nuestro mejor esfuerzo para dar gracias a Dios por el suyo, estamos adorándole. «Os ruego por las misericordias de Dios, que presentéis vuestros cuerpos en sacrificio vivo, santo, agradable a Dios» (Romanos 12.1). La adoración coloca a Dios en el centro del escenario y a nosotros en la postura adecuada.

Déjeme mostrarle cómo funciona.

El rey David y sus hombres han recaudado suficiente dinero para construir el templo. Es la recaudación más exitosa de la historia. La revista *Philanthropy* estaría feliz de dedicar una edición a estos recaudadores. Son buenos candidatos a la arrogancia. Pero antes de que sus cabezas se inflen, sus rodillas se doblan. David dirige la oración de adoración. Léala despacio:

> Bendito seas tú, oh Jehová,
> Dios de Israel nuestro padre,
> desde el siglo y hasta el siglo.
> Tuya es, oh Jehová, la magnificencia y el poder,
> la gloria, la victoria y el honor,
> porque todas las cosas que están

en los cielos y en la tierra son tuyas.
Tuyo, oh Jehová, es el reino;
y tú eres excelso sobre todos..
Las riquezas y la gloria proceden de ti;
y tú dominas sobre todo.
en tu mano están la fuerza y el poder
y en tu mano el hacer grande y el dar poder a todos.
Ahora pues, Dios nuestro,
nosotros alabamos y loamos tu glorioso nombre.

Porque ¿quién soy yo, y quién es mi pueblo, para que pudiésemos ofrecer voluntariamente cosas semejantes? Pues todo es tuyo, y de lo recibido de tu mano te damos (1 Crónicas 29.10–14).

Imagine a un arrogante ofreciendo esta oración. Comenzaría con altivez —el pecho hinchado y los pulgares en las solapas— pero según continuara la adoración, pondría los pies sobre la tierra. Y al recitar frases como: «Tuya es... la magnificencia, las riquezas y la gloria proceden de ti, se apearía de su soberbio corcel. La adoración humilla al pagado de sí mismo.

Por la misma razón, inspira al doblegado. Lea el Salmo 27.10–11, 13–14 y dígame si el débil no saldrá fortalecido con estas palabras:

Aunque mi padre y mi madre me dejaran,
Con todo, Jehová me recogerá.
Enséñame, oh Jehová, tu camino;
Y guíame por senda de rectitud
A causa de mis enemigos....
Hubiera yo desmayado:
si no creyese que veré la bondad de Jehová
En la tierra de los vivientes
Aguarda a Jehová;
Esfuérzate, y aliéntese tu corazón
Sí, espera a Jehová.

¿No ve usted levantarse una cabeza? ¿Enderezarse una espalda? «Jehová me recogerá... veré la bondad de Jehová». ¿Se da cuenta cómo estas palabras le harían volver el rostro hacia el Padre y dejar de consumirse en la propia fragilidad?

Eso logra la adoración. Ella nos ajusta, recogiendo el mentón del altivo, enderezando la espalda del abrumado.

Partiendo el pan, compartiendo el cáliz.

Doblando las rodillas, levantando las manos.

En eso consiste la adoración.

En la soledad de un cubículo corporativo, o en la comunidad de una iglesia.

Abriendo la boca, para cantarle a Él nuestras alabanzas.

Abriéndole nuestros corazones, ofreciéndole a Él nuestra singularidad.

La adoración emplaza correctamente al adorador. ¡Y cuánto la necesitamos! Andamos por la vida encorvados y deformes. La gente de cinco talentos alardeando: «Apuesto a que Dios está feliz de contar conmigo». Los de dos talentos lamentándose: «Apuesto a que Dios está harto de sostenerme». Tan convencidos de nosotros mismos que pensamos que alguien murió y nos legó su corona. O con tan poco aprecio que creemos que todos han muerto y nos han abandonado.

> Cada vez que hacemos lo mejor para agradecer a Dios lo que nos da, lo adoramos.

Ambas condiciones deben tratarse adorando. Cure cualquier brote de mediocridad posando los ojos en nuestro extraordinario rey.

Durante las vacaciones de verano llevé a mis hijas a bucear. Aproveché la ocasión para solicitar unas lecciones de navegación. Confundido por términos como sotavento, estribor, y popa, hice a la tripulación numerosas preguntas. Poco después el capitán me preguntó: «¿Le gustaría llevarnos de regreso a casa?» Le recordé que ningún residente del oeste de Tejas ganó nunca la Copa

América. Pero él me aseguró que no tendría dificultades y señaló en la línea de la costa un paredón rocoso. «Diríjase a aquel acantilado», me dijo. «Fije en él sus ojos y el barco».

Sus instrucciones resultaron difíciles de seguir. Mi atención se desviaba constantemente: a la espléndida caoba de la cubierta, hacia mis hijas riendo bajo la vela, hacia la espuma que coronaba las olas. Quería verlo todo. Pero si me distraía demasiado me arriesgaba a perder el rumbo. Mantendría al barco siempre y cuando fijara mis ojos más allá de él.

La adoración nos ayuda a hacer algo similar en la vida. Nos levanta la vista de la nave, con sus atracciones y sus pasajeros, y la fija «en las cosas de arriba, donde está Cristo sentado a la diestra de Dios» (Colosenses 3.1).

Adoramos a Dios como una necesidad.

Pero nuestra necesidad va en un distante segundo lugar, a paso de tortuga, con respecto a la razón más legítima del adorar.

¿Cuál es el motivo principal para aplaudir a Dios? Que Él lo merece. Si cantar alabanzas sólo nos desgastara la voz, si ofrendar sólo nos vaciara la billetera —si la adoración no hiciera nada por nosotros— aun así deberíamos adorar. Porque Dios merece nuestra adoración.

¿De qué otra forma respondería usted a un Ser de santidad flameante, incontaminada, infinita; sin manchas ni cicatrices; en quien no hay lugar para un mal pensamiento, un día malo o una mala decisión ¡Nunca!? ¿Qué puede usted hacer ante semejante santidad sino adorarla?

Y también está su poder. Él mueve fuerzas que lanzan meteoros, colocan los planetas en órbita, y encienden las estrellas. Ordena a las ballenas expulsar su aire tibio y salobre; a las petunias, que perfumen la noche; y a los ruiseñores, que gorjeen su alegría en primavera. Sobre la tierra, flotillas de nubes se forman y vuelven a formar interminablemente; dentro de ella, quejumbrosos estratos de rocas pugnan unos contra otros. ¿Quiénes somos nosotros para viajar sobre un orbe trémulo y cuajado de maravillas?

¿Y la ternura? Dios jamás ha quitado sus ojos de usted. Ni siquiera por un milisegundo. Él siempre está cerca. Él vive para escuchar el latido de su corazón. Él adora escuchar sus oraciones. Él moriría por sus pecados antes que dejarle morir en pecado, y así lo ha hecho.

Dios moriría por sus pecados antes que dejarle morir en pecado.

¿Qué puede hacer usted con semejante Salvador? ¿No le cantará? ¿No declarará, confesará, y proclamará su nombre? ¿No doblará la rodilla, inclinará la cabeza, trabajará con sus manos, dará de comer al pobre, y le ofrecerá sus dones adorándole? Claro que lo hará.

Adore a Dios. Apláudale con fuerza y a menudo. Por su bien, usted lo necesita.

Y porque Él lo merece.

Súmese a la familia de los amigos de Dios

...La casa de Dios, que es la iglesia del Dios viviente, columna y baluarte de la verdad.

1 Timoteo 3.15

Gary Klahr y Steve Barbin actúan como hermanos.

Los dos residentes de Fairfield, Connecticut, se parecen mucho, uno termina la frase del otro, y hablan con las mismas inflexiones. Gary fue el padrino de bodas de Steve. Steve apoyó a Gary después de la muerte de su padre. Durante 20 años han sido inseparables.

El 30 de diciembre de 1998, su amistad pasó una tremanda prueba. Una trabajadora social llamó a Gary para hacerle algunas preguntas personales. Él pensó que ella quería saber si a él le interesaba una adopción. En parte pensó bien. La llamada era acerca de una adopción: la de Gary.

La noticia cayó como un rayo. Durante 51 años Gary había creído ser el hijo biológico de Benjamin y Marjorie Klahr. Pero, ¡sorpresa! Y aquel descubrimiento era sólo el comienzo.

Casualmente, Gary había mencionado que su amigo Steve Barbin también era hijo adoptivo. La trabajadora social se interesó enseguida y telefoneó a Steve. «Creo que mejor te sientas para escuchar esto... tienes un hermano», le informó, «tu amigo, Gary Klahr».[1]

No amigos, ¡sino hermanos! No sólo amigos, ¡familiares! ¿Cómo cree que pueden haberse sentido estos dos hombres?

Dios también le tiene a usted preparado un descubrimiento. Él le ofrece una familia de amigos, y amigos que son sus familiares: su iglesia. «Habiéndonos predestinado para ser adoptados hijos suyos por medio de Jesucristo, según el puro afecto de su voluntad» (Efesios 1.5). Cuando usted transfiere su confianza a Cristo, Él no sólo le perdona; sino que le inscribe en su familia de amigos.

El término «familia» supera con mucho cualquier otro vocablo bíblico como descripción de la iglesia. «Hermanos», «hermanos y hermanas» o «fraternal» aparecen 148 veces entre los Hechos de los Apóstoles y el Apocalipsis.[2] He aquí algunos ejemplos:

> «Honrad a todos. Amad a los hermanos» (1 Pedro 2.17).
>
> «Habéis aprendido de Dios que os améis unos a otros; y también lo hacéis así con todos los hermanos» (1 Tesalonicenses 4.9-10).
>
> «Permanezca el amor fraternal» (Hebreos 13.1).
>
> «Habiendo purificado vuestras almas por la obediencia a la verdad, mediante el Espíritu, para el amor fraternal no fingido, amaos unos a otros» (1 Pedro 1.22).

Dios está construyendo una familia. Una familia permanente. Las familias del mundo tienen corta vida. Aun aquellos que evitan el divorcio son a la larga divididos por la muerte. La familia de Dios, sin embargo, sobrevivirá al Universo. «Por esta causa doblo mis rodillas ante el Padre de nuestro Señor Jesucristo, de quien toma nombre toda familia en los cielos y en la tierra» (Efesios 3.14–15).

Cuando usted traslada su confianza a Cristo, Él no sólo le perdona, sino que lo coloca en su familia de amigos.

Incluso Jesús definió a su familia según la fe y no según la carne. «La gente que estaba sentada alrededor de él le dijo: Tu madre y tus hermanos están afuera, y te buscan. Él les respondió diciendo: ¿Quién es mi madre y mis hermanos?... Porque todo aquel que hace la voluntad de Dios, ése es mi hermano, y mi hermana, y mi madre» (Marcos 3.32–33, 35).

Una creencia común identifica a los miembros de la familia de Dios. Y un afecto común les une. Pablo ofreció a la iglesia esta regla para las relaciones: «Amaos los unos a los otros con amor fraternal» (Romanos 12.10). En la versión original en griego el apóstol es un artífice de las palabras, comenzando y terminando el versículo con términos gemelos sobre el amor fraternal. Empieza con «philostorgos» (*philos* significa amistoso; *storgos* quiere decir amor familiar) y concluye con «philadelphia» (*phileo* se traduce como afecto tierno; *adelphia* significa hermanos). Una producción exacta, aunque un poco elemental del versículo podría ser: «Tened una devoción amistosa y familiar por los demás en una forma familiar y amistosa». Si no pudiera captarnos con el primer adjetivo, Pablo nos captaría con el segundo. Con los dos nos recuerda que la iglesia es la familia de Dios.

Usted no me escogió a mí. Yo no le escogí a usted. Puede que yo no le agrade a usted. O usted a mí. Pero como ambos le agradamos a Dios y Él nos escogió, somos familia.

Y nos tratamos como amigos.

C. S. Lewis dijo: «La amistad nace en el momento en que una persona le dice a otra: "¿Cómo? ¿Tú también? ¡Creía que yo era el único!"».[3]

Si las experiencias similares crean amistades, ¿No debería estar la iglesia desbordante de ellas? ¿Con quién tendría usted más en común que con sus hermanos creyentes? Asombrados por el mismo pesebre, motivados por la misma Biblia, salvados por la misma cruz, y destinados a un mismo hogar. ¿No le resuenan las palabras del salmista? «Compañero soy yo de todos los que te temen y guardan tus mandamientos» (Salmo 119.63).

La iglesia. Más que familia, somos amigos. Más que amigos, somos familia. La familia de los amigos de Dios.

Los álamos de Colorado ofrecen un cuadro vivo de la iglesia. ¿Ha notado usted cómo crecen en grupos, a menudo en las laderas desnudas de las montañas? Buscan el sol y comparten sus raíces. A diferencia de los abetos o los pinos, que prefieren la sombra, los abetos adoran el calor. A diferencia de los robles, de raíces profundas, las raíces de los abetos son amplias. Se entretejen con otras raíces y comparten los mismos nutrimentos.

Nuestros dones sólo harán una diferencia eterna en concierto con la iglesia.

Amantes de la luz. Compartidores de las raíces. Como una iglesia sana.

Es extraño que algunas personas gusten de la sombra de la iglesia mientras rehúsan echar raíces. Dios, sí. Iglesia, no. Les atraen los beneficios, pero se resisten al compromiso. La música, el mensaje, la conciencia limpia: aceptan las ventajas de la iglesia. Y así, la cortejan, la visitan. Disfrutan la cita ocasional. Estas personas utilizan a la iglesia. Pero, ¿comprometerse con ella? No, eso no. Desean mantener abiertas sus opciones. No quieren perder una oportunidad.

Creo que ya la han perdido. Sin la iglesia, se pierden la herramienta asignada por Dios para su promoción. Pues ella es un lugar clave para hacer lo que mejor sabemos hacer por la gloria de Dios.

Las Escrituras comparan a la iglesia con un poema. «Porque somos hechura suya» (Efesios 2.10). La palabra griega para «hechura» desciende de la raíz *poeo* o *poesía*. ¡Somos el poema de Dios! Lo que Longfellow o Góngora hicieron con papel y pluma, lo hizo nuestro Creador con nosotros. Somos la expresión de su mejor arte creativo.

Pero no es usted el poema de Dios. Ni tampoco soy yo. *Nosotros* somos ese poema. La poesía exige variedad. «Y hay diversidad de ministerios, pero el Señor es el mismo. Y hay diversidad de operaciones, pero Dios, que hace todas las cosas en todos, es el mismo» (1 Corintios 12.6). Para escribir su mensaje Dios utiliza todos los tipos de letra. Pensadores lógicos. Adoradores emotivos. Líderes dinámicos. Seguidores dóciles. Los visionarios que lideran, los estudiosos que ponderan, los generosos que pagan las cuentas. Verbos llenos de acción. Nombres sólidos como rocas. Enigmáticos signos de interrogación. Solos, somos signos en una página que no dicen nada. Pero juntos, somos inspiración. «Vosotros, pues, sois el cuerpo de Cristo, y miembros cada uno en particular» (1 Corintios 12.27).

Los miles de millones de seguidores de Cristo en los últimos dos mil años tienen esto en común: «A cada uno le es dada la manifestación del Espíritu para provecho» (1 Corintios 12.7). En el cuerpo de Dios no hay ningún Don Nadie. No hay excepciones. No hay exclusiones. Solamente en el concierto de la iglesia hacen nuestros dones una diferencia eterna. Separados del cuerpo de Cristo, somos como uñas, bigotes o cabellos cortados. ¿A quién hacen falta? ¡A nadie! No pueden hacer aporte alguno. Y lo mismo es aplicable a nuestros dones. «Hay diversidad de ministerios, pero el Señor es el mismo» (1 Corintios 12.5).

> Y él mismo constituyó a unos, apóstoles; a otros, profetas; a otros, evangelistas; a otros, pastores y maestros, a fin de perfeccionar a los santos para la obra del ministerio, para la edificación del cuerpo de Cristo (Efesios 4.11–12).

Él distribuye dones a fin de que podamos «*edificar* el cuerpo de Cristo». Pablo pudo haber encontrado el término griego en un diccionario médico. Los médicos lo usaban para describir la sanidad de un hueso roto.[4] A las iglesias acude gente rota. No con huesos fracturados sino con el corazón, la vida y los sueños rotos. Cojean sobre una fe fracturada, y si la iglesia opera como tal, encuentran sanidad. Los pastores-maestros imponen sus manos y enseñan. Los portadores del evangelio comparten la buena nueva. Los profetas hablan palabras de verdad. Los visionarios sueñan con un mayor impacto. Algunos administran. Otros oran. Otros lideran. Y otros les siguen. Pero todos ayudan a sanar la fractura: «para la edificación del cuerpo de Cristo».

Mi ejemplo favorito de esta verdad tiene que ver con un anciano de nuestra iglesia, Randy Boggs. Él ama tanto a la congregación que huele como las ovejas que atiende. Entre la conducción de un negocio y la atención a su familia, él da ánimo a los enfermos y luz a los confundidos. Hay pocos hombres con un corazón más noble. Y sin embargo, pocos han sentido un frío tan gélido en su corazón como él; la noche que su padre fue asesinado y su madrastra arrestada por su muerte. Más tarde ella fue absuelta, pero el suceso dejó a Randy sin padre, sin herencia, y sin respuestas.

¿Cómo se recupera uno de algo así? Randy le diría: «Gracias a la iglesia». Los amigos oraban por él, lloraban con él, se mantuvieron junto a él. Por último, luego de meses luchando contra la pena y el resentimiento, decidió seguir adelante. Esa decisión llegó en un momento de adoración. Dios suturó el corazón de Randy con la letra de un himno. Él lo define como un milagro. Y yo también.

Dios ha sanado a la familia de Randy mediante su propia familia. En la iglesia empleamos nuestros dones para amarnos unos a otros, honrarnos, mantener a raya a los creadores de problemas, y llevar las cargas del prójimo. ¿Necesita usted ánimo, oraciones, o un hogar hospitalario?[5] Dios ha confiado a la iglesia la provisión de estos tesoros. Puede considerarla un centro de terapia divina para la vida común.

No se la pierda. Nadie es fuerte todo el tiempo. No se pierda la oportunidad de encontrar su lugar y sanar sus heridas.

No pierda la oportunidad de encontrar su lugar y sanar sus heridas.

Descubra lo que Gary Klahr y Steve Barbin descubrieron: amigos y familiares con el mismo rostro. Por cierto, la trabajadora social alcanzó a descubrir que estos dos hermanos tenían otros once. Un compañero de ejercicios era hermano de Gary, y una ex novia era su hermana (como para asustarse.)

Oh, la inmensidad, belleza, y sorpresas que nos depara la vida familiar.

Ojalá pueda usted encontrarlas todas en la iglesia de Dios.

Deshágase de su reputación

Cristo Jesús ... no estimó el ser igual a Dios como cosa a que aferrarse ... Él se humilló a sí mismo, haciéndose obediente hasta la muerte, y muerte de cruz.

Filipenses 2.5, 7–8

Mis amistades adolescentes incluían a un puñado de cristianos, y ninguno de ellos era popular. La hija de un ministro declinaba las invitaciones a fiestas con cerveza y rechazaba el chismorreo. Como resultado, pasaba sola la mayoría de sus horas de almuerzo y los viernes por la noche. Un jugador de tenis regresó de sus vacaciones de verano con un cartel adhesivo bíblico en el paragolpe de su auto y una sonrisa en el rostro. Le apodamos «el maniático de Jesús».

Mi voz se escuchaba entre las que hacían mofa. No debería estar, pero estaba. Algo en mi interior me decía que estaba obrando mal, pero no escuchaba el consejo. Mis padres me llevaron a la iglesia. Mi ministro me habló de Cristo. Pero, ¿me tomé en serio a Dios o a la iglesia? No. Tenía algo mucho más importante que promover.

Mi reputación: atleta, casanova, bebedor de cerveza, fiestero. Pulía y protegía mi reputación como si fuera un Mustang del 65. Lo que más me importaba era la opinión que la gente tenía de mí.

Pero luego empecé a asistir a la universidad y escuché a un profesor describir a un Cristo al que nunca había visto. Un Cristo amante de la gente y vencedor de la muerte. Un Jesús que dedicaba tiempo a los solitarios, a los fracasados... un Jesús que murió por los hipócritas como yo. Así que me alisté en sus filas. Le entregué mi corazón tanto como pude.

No mucho después de esa decisión, viajé a la casa de mis padres, donde me encontraría con algunos miembros de mi antigua pandilla. A sólo unos minutos de haber partido empecé a sentirme nervioso. Mis amigos no sabían nada de mi fe. Y yo no quería que supieran. Recordaba los chistes que habíamos hecho sobre la hija del predicador y el maniático de Jesús. ¿Me arriesgaría a escuchar las mismas cosas sobre mí? ¿Acaso no tenía un estatus que proteger?

Dios nos concede una vida extraordinaria al grado que renunciemos a la ordinaria.

Uno no puede promover, al mismo tiempo, dos reputaciones. Promueva la de Dios y olvídese de la suya. O promueva la suya y olvide la de Dios. Tiene que escoger.

José lo hizo. Mateo describe al padre terrenal de Jesús como un carpintero (Mateo 13.55). Reside en Nazaret: un punto perdido en el mapa del aburrimiento. En el Nuevo Testamento José nunca habla. Pero sí *hace* muchas cosas. Ve a un ángel, desposa a una muchacha embarazada, y conduce a su familia a Belén y a Egipto. Actúa bastante, pero no dice una palabra.

Este carpintero de una pequeña aldea jamás dijo una palabra digna de las Escrituras. ¿Fue José una elección acertada? ¿No tenía Dios mejores alternativas? ¿Un sacerdote elocuente de

Jerusalén o un erudito de entre los fariseos? ¿Por qué José? Una parte importante de la respuesta radica en su reputación: él la sacrifica por Jesús. «José, su marido [de María], como era justo, y no quería infamarla, quiso dejarla secretamente» (Mateo 1.19).

Con la frase «como era justo», Mateo reconoce el estatus de José. Él era un *tsadiq*, un estudiante formal de la *Torah*.[1] Nazaret veía a José como veríamos nosotros a un anciano, un diácono, o un maestro de estudios bíblicos. Los *tsadiqs* estudiaban la ley de Dios. Recitaban y vivían a diario el *Shema*[2]. Mantenían la sinagoga, observaban los días santos y las restricciones alimentarias. No era poca cosa que un carpintero ordinario fuese conocido como *tsadiq*. Muy probablemente José se enorgullecía de esto, pero el anuncio de María lo ponía en peligro. *Estoy embarazada.*

Los padres de María, para entonces, ya habían firmado y sellado un contrato con una dote. María pertenece a José; José pertenece a María. Por un vínculo legal y matrimonial.

Y ahora, ¿qué hacer? ¿Qué podría hacer un *tsadiq*? Su novia está embarazada, marcada, mancillada... él es justo, un hombre de Dios. Por una parte, está la ley. Por la otra, su amor. La ley ordena que ella sea lapidada. El amor, que sea perdonada. Y José está atrapado entre ambos. Pero José es un buen hombre. «Como era justo, y no quería infamarla, quiso dejarla secretamente» (v. 19).

Un divorcio silencioso. ¿Cuánto duraría el silencio? No mucho, probablemente. Pero, por un tiempo, era su solución.

Entonces se le apareció el ángel. «Pensando él en esto, he aquí un ángel del Señor le apareció en sueños y le dijo: José, hijo de David, no temas recibir a María tu mujer, porque lo que en ella es engendrado, del Espíritu Santo es» (v. 20).

El abultado vientre de María no será causa de preocupación, sino de regocijo. «Ella lleva en su vientre al Hijo de Dios», anuncia el ángel. Pero, ¿quién podía creer eso? ¿Quién compraría esa historia? Imagínese a José interrogado por los líderes de la aldea.

« José», le dicen, «hemos sabido que María está embarazada».

José asiente.

«El niño, ¿es tuyo?»

Él niega con la cabeza.

«¿Sabes cómo es que ha quedado embarazada?»

José traga en seco. Su barba se perla de sudor frío. Enfrenta un dilema. Inventar una mentira y preservar su lugar en la comunidad, o decir la verdad y decir adiós a su condición de *tsadiq*. Toma una decisión. «José... recibió a su mujer. Pero no la conoció hasta que dio a luz a su hijo primogénito; y le puso por nombre Jesús» (Mateo 1.24–25).

José tiró su reputación al cesto. Cambió su título de *tsadiq* por una novia embarazada y un hijo ilegítimo, y tomó la más grande decisión que pueda tomar un discípulo. Puso el plan de Dios por delante del suyo.

¿Estaría usted dispuesto a hacer lo mismo? Dios nos concede una vida extraordinaria al grado que renunciemos a la ordinaria. «Porque todo el que quiera salvar su vida, la perderá; y todo el que pierda su vida por causa de mí, la hallará» (Mateo 16.25). ¿Renunciaría usted a su reputación para ver nacer a Jesús en su mundo?

Considere estas situaciones:

Suponga que usted es fotógrafo de una agencia de publicidad. Su jefe quiere asignarle la más importante sesión de fotografía que usted haya realizado ¿El cliente? Una revista para adultos. Él conoce su fe. Diga que sí y podrá bruñir su reputación como fotógrafo. Diga que sí y estará usando el don que Dios le ha dado para enlodar la reputación de Cristo. ¿Qué decidiría hacer?

El profesor de filosofía en la universidad la emprende cada día contra Cristo. Él desprecia la espiritualidad y denigra la necesidad de perdonar. Un día invita a cualquier cristiano de la clase a hablar. ¿Hablaría usted?

Una situación más. A usted le agrada el papel del cristiano navideño. Canta los villancicos, asiste a los servicios... Llegado enero, se olvida de su fe y vuelve a poner su Biblia en un estante. En cambio, en diciembre, usted se sensibiliza.

Sin embargo, este diciembre algo le impacta. La inmensidad de la temporada le golpea. *Por mí, Dios colgó en una cruz a un rey, su mayor esperanza.* Salen a la superficie pensamientos radicales: unirse a una clase semanal de estudios bíblicos, participar en un viaje misionero, se ofrece como voluntario para una olla de caridad. Su familia y sus amigos creen que usted ha enloquecido. Mientras su mundo cambia, también cambia el de ellos. Quieren que el cristiano navideño regrese.

Usted puede proteger su reputación o la de Él. La decisión le pertenece.

José tomó la suya.

Y también Jesús. Él «no estimó el ser igual a Dios como cosa a que aferrarse, sino que se despojó a sí mismo, tomando forma de siervo, hecho semejante a los hombres; y estando en la condición de hombre, se humilló a sí mismo, haciéndose obediente hasta la muerte, y muerte de cruz» (Filipenses 2.6-8).

Cristo renunció a su reputación. Nadie en Nazaret le saludaba como el Hijo de Dios. Él no se destacó en la foto de su clase de primaria, no exigió una página en papel cromo en el anuario de su clase de bachillerato. Sus amigos le conocieron como un carpintero, no como una estrella. Su apariencia no hacía volver cabezas; no obtuvo créditos por su posición. En el gran retablo que llamamos Navidad, Jesús abandonó sus privilegios celestiales y aceptó el dolor terrenal. «Se despojó a sí mismo, tomando forma de siervo, hecho semejante a los hombres» (Filipenses 2.7).

Dios anda buscando a aquellos dispuestos a hacer lo mismo; —a otro José— por mediación de los cuales pueda presentar a Cristo al mundo

Para Dios es tan importante desinflar egos inflados que él se ha ofrecido para ayudar.

Lo hizo conmigo. Recientemente pasé una semana del otoño en una gira de promoción de libros. Vimos largas filas y librerías abarrotadas. Una persona tras otra me felicitaba. Durante tres días me estuve bañando en un río de adulación. Y empecé a creérmelo. *Tanta gente no puede estar equivocada. Debo ser un regalo de Dios para los lectores.* Mi pecho estaba tan hinchado que apenas podía ver dónde debía firmar mi autógrafo. Vamos, que si yo hubiese nacido 2000 años antes, estaríamos leyendo los evangelios de Mateo, *Max,* Lucas y Juan. Cuando ya me estaba preguntando si la Biblia no necesitaría otra epístola, Dios me lanzó una saeta de humildad.

Desinflar egos inflados es tan importante que Dios se ofreció a ayudar.

Debido a las largas filas que habíamos tenido por la tarde, se nos hacía tarde para una sesión de firma de libros esa noche. En la siguiente librería esperábamos algo similar. Preocupados, llamamos antes de llegar. —Estamos atrasados. Dígales a las personas que pronto llegaremos.

—Sin prisa, —aseguró la gerente de la librería.

—¿Y qué piensa hacer con la gente?

—Aquí nadie parece andar apurado.

—¿Nadie?

Cuando llegamos, a Dios gracias, la multitud de dos personas se había triplicado: eran seis. Habíamos programado dos horas para firmar los libros, pero no necesitamos más de diez minutos.

No queriendo quedarme solo en la mesa, bombardeé a preguntas al último comprador. Hablamos de sus padres, su escuela, su número de seguro social, y hasta de su cumpleaños favorito. Pese a mis ruegos, se tuvo que ir. Así que me quedé solo en la mesa. Con una alta pila de libros de Max Lucado, que nadie venía a reclamar.

Pregunté a la gerente: —¿Hizo suficiente publicidad?

—Sí, más de lo habitual, —dijo, y se fue.

Cuando regresó le pregunté: —¿Ha tenido aquí otras sesiones de firma de libros?

—Sí, generalmente tenemos muy buena respuesta, —sentenció, y volvió a salir.

Firmé todos los libros que estaban sobre la mesa. También todos los libros de Max Lucado en los estantes. Y luego firmé libros de Tom Clancy y de John Grisham. Finalmente un cliente se acercó a la mesa. —¿Escribe usted libros?, —preguntó, tomando uno de los míos en sus manos.

—Sí, ¿quiere que se lo firme?

—No, gracias, —respondió, y salió.

Dios había dado en el blanco. Para que no se me olvidara, mi lectura diaria la siguiente mañana contenía este pasaje: «No seas sabio en tu propia opinión» (Proverbios 3.7).

Cuando usted está lleno de sí mismo, Dios no puede llenarle. Pero cuando está vacío, se convierte en un vaso útil para Él.

Cuando usted está lleno de sí mismo, Dios no puede llenarle.

En su Biblia hay montones de ejemplos de aquellos que así le han servido.

En su evangelio, Mateo menciona su nombre solamente dos veces. Y en las dos se describe como un simple recaudador de impuestos. En su relación de los apóstoles, se asigna el octavo lugar.

Juan ni siquiera menciona su nombre en su evangelio. Las veces que aparece el nombre «Juan» se refieren todas al Bautista. Juan el apóstol se identifica simplemente como «el otro discípulo» o «el discípulo a quien Jesús amaba».

Lucas escribió dos de los libros más importantes de la Biblia pero no escribió su nombre ni siquiera una vez.

Pablo, su escritor más prolífico, se refirió a sí mismo como «un necio» (2 Corintios 12.11). También se llamó «el más pequeño de los apóstoles» (1 Corintios 15.9). Cinco años después decía ser «menos que el más pequeño de todos los santos» (Efesios 3.8). En uno de sus últimas epístolas se refiere a sí mismo como «el primero» de los pecadores (1 Timoteo 1.15). A medida que envejecía, su ego empequeñecía.

El Rey David no escribió ningún Salmo para celebrar su victoria sobre Goliat. Pero escribió un poema público de penitencia en el que confesaba su pecado con Betsabé (ver Salmo 51).

Y por último tenemos a José. El taciturno padre de Jesús. Lejos de hacerse de un nombre para sí mismo, construyó un hogar para Cristo. Y por ello, fue grandemente recompensado. «Y le puso por nombre JESÚS» (Mateo 1.25).

Ponga en fila a los millones que han pronunciado el nombre de Jesús, y fíjese en la persona escogida como primera de la fila. José. De todos los santos, pecadores, hijos pródigos y predicadores que han pronunciado su nombre, José, un sencillo obrero y aldeano, un trabajador de la construcción, fue el primero. Él acunó al Príncipe del cielo y ante un público de ángeles y cerdos, susurró: «Jesús... tu nombre será Jesús».

Parece justo, ¿cierto? José renunció a su nombre. Y Jesús le permitió decir el suyo. ¿Cree que José haya lamentado su decisión?

Yo nunca lamenté la mía. Fui a la fiesta en mi pueblo. Como esperaba, todos me hicieron preguntas como: «¿Qué hay de nuevo?» Les conté. Quizás sin gracia y sin elocuencia... pero con honradez. «Mi fe», recuerdo haber respondido. «Estoy tomando muy en serio mi fe».

Algunos se sorprendieron. Otros tomaron nota mental para tachar mi nombre de su lista de invitados. Pero uno o dos se acercaron y me confesaron: «Yo he estado pensando lo mismo».

Después de todo, resulta que no estaba solo.

Sección tercera

Ponga en acción su singularidad para hacer de Dios lo primero

CADA DÍA DE SU VIDA

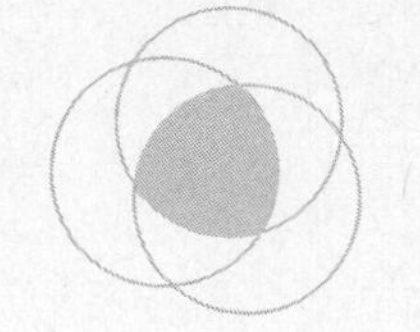

Miguel Ángel nació para ser escultor. Una vez comentó que en la leche de su nodriza podía saborear las herramientas de un picapiedras. A la edad de veintiún años ya había esculpido una obra madura. A los 30 ya había producido dos pasmosas obras maestras: la *Pietà* y el *David.*

Miguel Ángel no había cumplido 35 años cuando el Papa le invitó a ir a Roma para terminar un proyecto especial. Inicialmente Julio II le pidió que esculpiera un mausoleo papal, pero luego cambió sus planes y le invitó a pintar una docena de figuras en la bóveda de una capilla del Vaticano. El escultor se sintió tentado a rehusar. La pintura no era su pasión principal, ni una capilla era su idea de una sede grandiosa. Pero el Papa le urgió a aceptar, y así lo hizo. Algunos historiadores sospechan que hubo una celada. Contemporáneos celosos habrían convencido al Papa para que extendiera la invitación, seguros de que el escultor la rechazaría, cayendo así en el desfavor del Pontífice.

Pero Miguel Ángel no se negó. Comenzó su obra. Y a medida que pintaba, su entusiasmo crecía. Cuatro años, cuatrocientas figuras, y nueve escenas más tarde, más que haber cambiado la capilla; había cambiado la dirección del arte. Sus audaces frescos reorientaron el estilo de la pintura europea. Se sumergió tanto en el proyecto que estuvo a punto de perder su salud. «Me sentía tan viejo y cansado como Jeremías», relató al respecto. «Sólo tenía 37 años, pero mis amigos no reconocían al viejo en que me había convertido».

¿Qué sucedió? ¿Qué le había cambiado? ¿Qué convirtió este encargo obligatorio en un acto de inspiración? La clave podría estar en la respuesta a una pregunta que le hicieran. Un observador se preguntaba por qué había concentrado tanta atención en los detalles de los ángulos de la capilla. «Nadie se fijará en ellos», sugirió.

¿La respuesta de Miguel Ángel?: «Dios se fijará».[1]

Puede que el artista haya conocido este pasaje: «Sirviendo de buena voluntad, como al Señor y no a los hombres» (Efesios 6.7).

La cura de Dios para la vida común incluye un cambio en nuestra jerarquía informativa. En esta sección final le recordaré que tenemos dos jefes: uno que firma los cheques y otro que nos salva el alma. El segundo tiene un gran interés en nuestro mundo laboral ¿Y si todos trabajaran teniendo presente a Dios? Suponga que nadie trabajaría para su propia satisfacción, y en cambio, todos, para agradar a Dios.

Muchas ocupaciones cesarían instantáneamente: el tráfico de drogas, el robo, la prostitución, la administración de casinos y centros nocturnos. Ciertas carreras también cesarían, pues por su naturaleza, tampoco pueden agradar a Dios.

Lo mismo sucedería con ciertos comportamientos. Si estoy reparando un automóvil para Dios, no les voy a cobrar en exceso a sus hijos. Si estoy pintando una pared para Dios, ¿cree que voy a estirar la pintura con harto disolvente?

Imagínese si todos trabajaran para un público de Uno. Todas las enfermeras se preocuparían por los pacientes. Todos los funcionarios serían cuidadosos. Todos los profesores procurarían conocer bien a sus alumnos. Todos los vendedores serían un encanto. Todos los maestros ofrecerían esperanza. Y todos los abogados emplearían al máximo su pericia.

Todos los ángulos de todas las capillas estarían centelleantes.

¿Imposible? No del todo. Lo único que necesitamos es comenzar una revolución mundial. Y bien podría comenzar por nosotros mismos.

Asuma su trabajo y ámelo

Mi corazón gozó de todo mi trabajo.

Eclesiastés 2.10

Veamos un contraste entre dos trabajadores.

El primero corta el aire con sus gestos, hace señalamientos, instruye a muchos. Es un maestro y, según parece, tiene magnetismo. Está allí de pie en la playa, y ha convertido en anfiteatro la orilla escarpada. Mientras habla, su público crece; y mientras esto sucede, su plataforma se reduce. El instructor retrocede y retrocede hasta dar el próximo paso en el agua. Es entonces cuando distingue a otro trabajador.

Un pescador. No entusiasta, sino frustrado. Pasó toda la noche pescando, sin capturar nada. ¡Toda la noche! Más de 10 horas echando la red y recogiéndola. Sin capturar nada. A diferencia del maestro, el pescador no tiene nada que enseñar como fruto de su trabajo. No atrae a multitudes; ni tan siquiera a los peces. Solo puede atraer hacia sí la red.

Dos trabajadores. Uno, entusiasmado. El otro, desgastado. El primero, fructífero. El segundo, fútil. ¿Con cuál se identifica usted?

Si se identifica con el pescador, anda por un camino muy concurrido. Considere estas reveladoras estadísticas:

- Un tercio de los estadounidenses dicen odiar su trabajo.
- Dos tercios de sus conciudadanos trabajan en una profesión equivocada.
- Otros encuentran en sus empleos éxito, pero no satisfacción.[1]
- La mayor parte de los suicidios ocurre los domingos por la noche.
- La mayoría de los infartos cardiacos ocurren un lunes por la mañana.[2]

¡Mucha gente odia su trabajo! Son incontables los empleados que lamentan las 83.000 horas que sus empleos les arrebatan a sus vidas. Si usted es uno de ellos, ¿qué podría hacer?

¿Cambiar de carrera? Quizás. Busque una que se ajuste mejor a su diseño. Pero hasta que pueda hacer el cambio, ¿cómo sobrevivirá? Todavía tiene cuentas por pagar y obligaciones que cumplir. Quizás el problema sea menos su ocupación y más su concepto sobre la misma. Antes de que cambie de profesión, pruebe esto: cambie su actitud hacia ella.

Antes de que cambie de profesión... cambie su actitud hacia ella.

Las palabras de Jesús acerca de los trabajadores frustrados se pueden encontrar en el capítulo quinto del Evangelio de Lucas, donde encontramos al maestro y al pescador frustrado. Usted probablemente ha adivinado sus nombres: Jesús y Pedro. Hoy en día las costas están pobladas por concentraciones fortuitas de personas. Pero en los días de Cristo, eran un enjambre, un hormiguero de actividad. Pedro, Andrés, Santiago y Juan se ganaban la vida pescando y vendiendo sus capturas. Como otros pescadores galileos, trabajaban de noche, cuando subía agua fresca a la superficie. Y, como otros pescadores, conocían la frustración de una noche sin pescar.

Mientras Jesús predica, ellos lavan sus redes. Y según crece la multitud, Cristo concibe una idea.

> Y vio dos barcas que estaban cerca de la orilla del lago; y los pescadores, habiendo descendido de ellas, lavaban sus redes. Y entrando en una de aquellas barcas, la cual era de Simón, le rogó que la apartase de tierra un poco; y sentándose, enseñaba desde la barca a la multitud (vv. 2–3).

Jesús reclama la barca de Pedro. Él no *solicita* usarla. Cristo no llena un formulario ni pide permiso; sencillamente sube a la barca y empieza a predicar.

Él puede hacerlo. Todas las barcas le pertenecen. Es en su barca donde usted pasa su día, se gana la vida, y en buena medida la vive. El taxi que usted conduce, la caballeriza que limpia, la consulta del dentista que administra, la familia a la que da de comer y transporta: esa es su barca. Tocándonos en el hombro, Cristo nos llama y nos dice:

«Estás conduciendo mi camión».

«Estás presidiendo mi tribunal».

«Estás trabajando en mi puesto de trabajo».

«Estás a cargo de mi ala del hospital».

A todos nosotros, Jesús nos dice: «Tu trabajo es mi trabajo».

¿Ha visto usted el cuadro *Angelus* de Jean-Francois Millet? Presenta a una pareja de campesinos orando en el campo. Una iglesia se divisa en el horizonte, y una luz desciende del cielo. Sin embargo, sus rayos no caen sobre la iglesia. Tampoco sobre las cabezas inclinadas del hombre y la mujer. Los rayos del sol caen sobre la carretilla y la horquilla que se encuentran a los pies de la pareja.

Los ojos de Dios caen sobre el trabajo de nuestras manos. A Él le importan nuestros miércoles tanto como nuestros domingos. Él borra las fronteras entre lo secular y lo sagrado. Sobre el fregadero de la cocina, un ama de casa tiene colgado este lema: Aquí se hacen tareas divinas todos los días. En su oficina, un ejecutivo tiene esta placa: Mi escritorio es mi altar. Los dos tienen razón. A Dios le importa tanto nuestro trabajo como nuestra adoración. Y, en realidad, el trabajo puede ser adoración.

Pedro, el propietario de la barca, escribió tiempo después: «Vosotros sois linaje escogido, real sacerdocio, nación santa, pueblo adquirido por Dios, para que anunciéis las virtudes de aquel que os llamó de las tinieblas a su luz admirable» (1 Pedro 2.9).

La próxima vez que una solicitud de trabajo le pida precisar su empleo anterior, escriba «sacerdote» o «sacerdotisa», pues usted lo es. Un sacerdote representa a Dios, y usted, amigo mío, lo representa a Él. De manera que «Todo lo que hacéis, sea de palabra o de hecho, hacedlo todo en el nombre del Señor Jesús, dando gracias a Dios Padre por medio de él» (Colosenses 3.17). Usted no va todos los días a una oficina; se traslada a un santuario. Usted no asiste a una escuela; asiste a un templo. Puede que no vista cuello de clérigo, pero podría. Su barca es el púlpito de Dios.

Tengo una amiga que entiende bien esto. Según la descripción de su plaza laboral, ella enseña en una escuela primaria. Según la descripción de Dios, ella es la pastora de una clase de preciosos niños. Lea este correo electrónico que ha enviado a sus amigos:

Solicito sus oraciones para mis alumnos. Sé que todos andan

muy ocupados, pero si puede, sé que hay poder en las oraciones específicamente dirigidas. Por favor, ore por...

Randy (el niño más inteligente de mi clase —mamá no habla inglés— se mudó recientemente desde Washington,— es ciego del ojo derecho, porque cuando tenía tres años se lo hincó con una herramienta puntiaguda.

Henry (tiene problemas de aprendizaje —lo intenta con todo su corazoncito— tarda cerca de un minuto en pronunciar dos palabras. —Creo que ya se acostumbró a mí, ¡pero al principio le fue difícil seguirme!)

Richard (su sonrisa podría sacarlo de casi cualquier problema —mamá no puede ser mucho mayor que yo— es muy inteligente y travieso, ¡cómo me gustan a mí!)

Anna (también tiene problemas de aprendizaje —ni su padre ni su madre saben leer, escribir o conducir —¡¡¡tienen cuatro hijos!!! Quién sabe cómo se mantienen unidos —ella me dibuja todos los días y escribe sus oraciones sobre mí; soy el personaje principal de sus composiciones.)

Y así sigue la lista, incluyendo a Sara que es casi sorda. A Terrell, desorganizado, pero lúcido. Alicia, la alumna modelo. Y Kaelyn, autoritaria pero creativa.

¿Trabaja esta maestra para un sistema escolar o para Dios? ¿Transcurre su día trabajando o adorando? ¿Va a hacer dinero o a hacer una diferencia? Cada mañana ella sube a la barca que Jesús le ha prestado. Y los dos reman mar adentro y echan sus redes. Mi amiga imita a Pedro. Pero ella es más entusiasta de lo que era él.

Cuando terminó de hablar [Jesús], dijo a Simón: Boga mar adentro, y echad vuestras redes para pescar.[5] Respondiendo Simón, le dijo: Maestro, toda la noche hemos estado trabajando, y nada hemos pescado; mas en tu palabra echaré la red (Lucas 5.4–5).

Un paciente en el dentista mostraría más entusiasmo. Pero

¿quién culparía a Pedro? Los hombros le duelen. Sus redes ya están recogidas. Una expedición de pesca a media mañana no le motiva. Sin embargo, obedece. «En tu palabra echaré la red» (v. 5).

A la luz del día, a la vista de la multitud, los pescadores meten sus remos en el agua e izan la vela. En algún punto en medio de aquel mar interior, Jesús les da la señal para que echen las redes, «y habiéndolo hecho, encerraron gran cantidad de peces, y su red se rompía.[7] Entonces hicieron señas a los compañeros que estaban en la otra barca, para que viniesen a ayudarles; y vinieron, y llenaron ambas barcas, de tal manera que se hundían» (vv. 6–7).

Pedro y sus compañeros tienen los pies metidos en las aguas hasta la rodilla. Están rodeados por su captura y por el mensaje más importante de sus vidas. ¿Cuál es ese mensaje? Algunos dirán: «¡Llevemos a Jesús con nosotros al trabajo y nos haremos ricos!» La presencia de Cristo garantiza más ventas, mayores bonificaciones, fines de semana más largos, y una jubilación más temprana. Con Jesús en su barca, usted pasará de pescar en el Mar de Galilea a vacacionar navegando por el Mar Caribe.

Con Dios, nuestro trabajo cuenta tanto como nuestra adoración. En realidad, trabajar puede ser lo mismo que adorar.

Pero si en este pasaje había una promesa de prosperidad, Pedro la pasó por alto. No fue la captura lo que captó su ojo. Fue Jesús. Aun anegado en escamas plateadas, Pedro no estaba viendo signos monetarios. Veía a Jesús. No a Jesús, el carpintero. No a Jesús, el maestro. No a Jesús, el sanador. Pedro veía a Jesús, el Señor: lo bastante poderoso para controlar el mar y lo bastante bondadoso para hacerlo desde la barca de un pescador. «Viendo esto Simón Pedro, cayó de rodillas ante Jesús, diciendo: Apártate de mí, Señor, porque soy hombre pecador». (v. 8).

¡Qué escena! Cristo entre la gente común, hombro con hombro con un grupo de obreros malhumorados. Diciendo a los pescadores cómo debían pescar; enseñándoles dónde echar las redes. ¿Y si usted hiciera lo que hizo Pedro? Llevar a Cristo con usted al trabajo. Invitarle a supervisar su jornada de ocho horas. Él le mostró a Pedro dónde echar las redes. ¿No le mostraría a usted dónde transferir fondos, archivar documentos, o llevar a los estudiantes en una excursión?

Espíritu Santo, ayúdame con esta costura.

Señor de la creación, muéstrame por qué no funciona este alternador.

Rey de reyes, aclárame, por favor, este presupuesto.

Jesús amado, guía mis manos mientras corto este cabello.

Haga la oración de Moisés: «Sea la luz de Jehová nuestro Dios sobre nosotros, y la obra de nuestras manos confirma sobre nosotros; sí, la obra de nuestras manos confirma» (Salmo 90.17).

Un momento ahí. Pude advertir la duda en sus ojos. No ve de qué forma podría Dios usar su trabajo. Su jefe tiene el ánimo de un perro de pelea; un conejo enjaulado tendría un área de trabajo más grande; y los viáticos de sus hijos son mejores que los suyos. Usted se siente sentenciado a un puesto en Siberia, donde la esperanza se marchó en el último tren. Si es así, le presento a un testigo definitivo. Trabajó 18 años en un campamento de trabajos forzados en China.

Lleve a Cristo a su trabajo. Invítelo a supervisar su jornada laboral.

El régimen comunista recompensó su fe en Cristo asignándole los desechos humanos. Estos eran mantenidos en pozos sépticos hasta que se fermentaran, para usarlos como fertilizante. Despedían hedor y enfermedades. Tanto los guardias como los presos los evitaban, así como a quienes trabajaban allí, incluyendo a este discípulo.

Luego de pasar semanas entre aquellas mismas, el hedor transmitió un pigmento a su cuerpo. No podía desprenderse de él. Imagine su situación, lejos de casa y, aun en prisión, marginado por sus semejantes. Pero de algún modo este hombre de Dios encontró en la ergástula un jardín. «Daba gracias por haber sido enviado allí. Era el único lugar donde no estaba bajo severa vigilancia. Podría orar y cantar abiertamente a mi Señor. Mientras estuve allí, los pozos sépticos se convirtieron en mi jardín particular».

Y entonces citó las palabras del antiguo himno:

Salgo solo al jardín
Mientras el rocío todavía está sobre las rosas
Y escucho una voz en mi oído
Es el Hijo de Dios que se revela.

Él camina conmigo
Habla conmigo
Y me dice que soy suyo
Y el gozo que compartimos mientras seguimos allí entretenidos
Nadie más lo ha conocido nunca.

«Nunca comprendí el significado de este himno hasta que me enviaron al campamento de trabajos forzados», dijo.[3]

Si le lleva consigo, Dios puede hacer un jardín del pozo séptico al que usted llama trabajo.

Henry Giles, un predicador del siglo XIX, dijo:

Hombres y mujeres deben trabajar. Eso es tan cierto como el sol. Pero podemos trabajar rezongando o trabajar dando gracias. Trabajar como seres humanos, o como máquinas. No existe un trabajo tan rudo que no podamos exaltarlo; ni un trabajo tan frío que no podamos alentar en él un alma; ni un trabajo tan sórdido que no podamos enriquecerlo si comprendemos que lo que hacemos lo hacemos por Nuestro Señor Jesucristo.[4]

Para Pedro con sus redes, para mi amiga y su clase, para el prisionero y su jardín, y para usted y su trabajo, la promesa es la misma: todo cambia cuando usted le ofrece a Jesús su barca.

Pausas intencionales

Venid vosotros aparte a un lugar desierto,
y descansad un poco.

Marcos 6.31

Ernie Johnson Jr. sabe de béisbol. Su padre narró los juegos de las Grandes Ligas durante tres décadas, siguiendo a los Bravos desde Milwaukee a Atlanta. En el cuarto de siglo transcurrido desde que Ernie heredó el micrófono, él ha cubierto seis deportes en tres continentes, narrando juegos tanto desastrosos como no aptos para cardíacos, entrevistando a perdedores y vencedores.

Pero entre todos los partidos uno supera a todos los demás. No debido a quien jugó, sino debido a quien dejó de jugar. Ernie era un pequeño beisbolista de nueve años en las ligas infantiles. Estaba jugando bien en el campo corto. Un bateador contrario pegó un doblete por regla que rebotó en la cerca. Dos jardineros saltaron la barda para recuperar la pelota y que el juego pudiera continuar. (Aparentemente la liga operaba con un presupuesto ajustado.)

Los dos equipos esperaron su regreso. Esperaron... y esperaron... pero nadie apareció. Finalmente los preocupados entrenadores corrieron afuera del campo de juego y escalaron la cerca. Varios jugadores curiosos, entre ellos Ernie, les siguieron. Encontraron al dúo desaparecido unos metros más allá, los guantes en el suelo, la pelota recuperada a sus pies, las caras sonrientes y embarradas de bayas silvestres.[1]

Los dos jugadores se habían escapado del partido.

¿Cuánto tiempo hace que usted hizo lo mismo? Deberá hacerlo para mantenerse centrado en su punto óptimo. El diablo está determinado a dejarle sin fuerzas. Necesitamos volver a calibrarlas periódicamente. Además, ¿a quién no le gustan las bayas silvestres? Pero ¿quién tiene tiempo para recolectarlas? Siempre andamos ocupados hasta el cuello con el transporte, los negocios, las ventas, las máquinas, las organizaciones, y los presupuestos. Siempre corriendo.

Jesús nos entiende. Él conoció el frenesí de la vida. La gente abarrotaba con sus peticiones su calendario. Pero él también sabía escaparse del partido.

> Al ponerse el sol, todos los que tenían enfermos de diversas enfermedades los traían a él; y él, poniendo las manos sobre cada uno de ellos, los sanaba. También salían demonios de muchos, dando voces y diciendo: Tú eres el Hijo de Dios. Pero él los reprendía y no les dejaba hablar, porque sabían que él era el Cristo.
>
> Cuando ya era de día, salió y se fue a un lugar desierto; y la gente le buscaba, y llegando a donde estaba, le detenían para que no se fuera de ellos. Pero él les dijo: Es necesario que también a otras ciudades anuncie el evangelio del reino de Dios; porque para esto he sido enviado. Y predicaba en las sinagogas de Galilea. (Lucas 4.40–44).

Estas palabras documentan la entrada de Jesús en la arena pública. Habiendo resistido la tentación del diablo en el desierto y un frío rechazo en su tierra natal, Jesús viajó a Capernaúm, donde los ciudadanos le dieron una jubilosa bienvenida. Algo similar a como recibieron a John Kennedy en la Convención Nacional Demócrata de 1960. (Una joven esperanza ha llegado.)

> Estaban admirados de su doctrina… (Lucas 4.32).

> Y su fama se difundía por todos los lugares de los contornos (Lucas 4.37).

> Los que tenían enfermos de diversas enfermedades los traían a él; y él, poniendo las manos sobre cada uno de ellos, los sanaba. (Lucas 4.40).

¿Qué más podía desear Cristo? Masas mesmerizadas, creyentes recién sanados, y millares dispuestos a ir adonde Él les condujera. Entonces Jesús...

¿Convocó un movimiento?

¿Organizó un equipo de liderazgo?

¿Movilizó una sociedad de acción política?

No. Él desconcertó a los expertos en relaciones públicas colocando a la multitud en el espejo retrovisor y escapándose a una reserva natural, una cueva oculta, un edificio vacío, un *lugar desierto.*

El diablo está determinado a dejarle sin fuerzas.

El versículo 42 identifica la razón: «Le detenían para que no se fuera de ellos». La gente llevaba a Jesús más que cuerpos enfermos y almas desorientadas. Le llevaban agendas. Itinerarios. Consejos no solicitados. El rebaño de la humanidad deseaba fijar el rumbo de Jesús. «Síguenos», decían. «Guiaremos tus pasos».

Lo mismo le dicen a usted. Mire sobre su hombro, amigo. La multitud está un paso más atrás. No examinan sus puntos fuertes ni conocen su HISTORIA. Sin embargo, parecen conocer más sobre usted que usted mismo. Dónde debe trabajar. Dónde debe casarse. Qué debe estudiar. Si se lo permite, dirigirán su vida.

Jesús no hizo tal cosa.

En más de una oportunidad ejerció el control de la multitud. «Viéndose Jesús rodeado de mucha gente, mandó pasar al otro lado [del lago]» (Mateo 8.18).

Cuando la multitud ridiculizó su poder para levantar a una niña de su lecho de muerte, les desalojó del lugar. «Cuando la gente había sido echada fuera, entró, y tomó de la mano a la niña, y ella se levantó» (Mateo 9.25).

Después de una jornada de predicación, les pidió que se fueran. «Entonces, despedida la gente, entró Jesús en la casa...» (Mateo 13.36).

Pese a que cuando multiplicó los panes y los peces estaba probablemente rodeado por unos veinte mil seguidores, les despidió: «Entonces, despedida la gente, entró en la barca...» (Mateo 15.39).

Cristo escapa una y otra vez del ruido de las multitudes para poder escuchar la voz de Dios. Después de sus cuarenta días en el desierto, la gente de Capernaúm «...llegando a donde estaba, le detenían para que no se fuera de ellos. Pero él les dijo: Es necesario que también a otras ciudades anuncie el evangelio del reino de Dios; porque para esto he sido enviado» (Lucas 4.42–43).

Para no dejarse arrastrar por la gente se ancló a la roca de su propósito: emplear su singularidad (anunciar el evangelio «a otras ciudades») priorizando a Dios («el reino de Dios») dondequiera que pudo.

¿No le alegra que lo haya hecho así? Suponga que se hubiera dejado llevar por la multitud y hubiera establecido su campamento en Capernaúm, razonando: «Yo creía que mi meta era el mundo entero y mi destino la cruz. Pero el pueblo entero me dice que me quede en Capernaúm ¿Puede estar equivocada tanta gente?»

¡Claro que sí! Desafiando a la muchedumbre, Jesús le dio la espalda al pastorado de Capernaúm y siguió la voluntad de Dios. Al hacerlo dejaba tras de sí algunos enfermos sin sanar y algunos confundidos sin orientar. Rechaza algunas cosas buenas para poder decir sí a su extraordinario llamado.

No resulta una decisión fácil para nadie. Tampoco lo fue para mí. ¿Me permite que le describa cómo una pausa intencional me rescató de un desierto espiritual?

No podría culpar a la iglesia por esa aridez. La asistencia a los servicios crecía, y también el entusiasmo. Ya no cabíamos en nuestro edificio y empezamos a buscar una nueva propiedad. Todos colaboraban para recaudar el dinero y hacían planes. Al cabo de dos años de planes y oraciones, riesgos y victorias, nos mudamos.

Y eso casi acaba conmigo. Recuerdo que en el nuevo edificio me encontraba de pie ante una congregación feliz, pensando: *Debería estar emocionado.* En lugar de ello me sentía vacío, mecánico, como un robot. Un amigo se dio cuenta (gracias a Dios por tales amigos). Me convenció para que hiciera lo que este libro le insta a hacer a usted: despejar mi punto óptimo.

Jesús rechazó algunas cosas buenas para poder decir sí a su extraordinario llamado.

Bajo la tutela de un entrenador ejecutivo y consultor en material organizativa, Rick Wellock, escribí mi HISTORIA. La tarea asignada fue: «Describa algunas ocasiones en las que usted haya hecho algo que le gusta hacer y lo haya hecho bien». Repasé mi vida, relacionando los eventos en los que convergían la satisfacción y el éxito.

Cuando era alumno de primaria, y me leía todas las biografías de la biblioteca de la escuela.

Cuando pronuncié un discurso ante la clase de primer año de bachillerato por haber ganado las elecciones.

Cuando dejaba de hacer otros deberes para poder escribir y reescribir cuentos cortos para un curso de literatura.

Cuando presenté mi primera lección bíblica. Asombrado por que los muchachos de secundaria me prestaran atención.

Cuando desarrollé un detallado procedimiento para la preparación de sermones.

Dediqué un día entero a repasar mis pasiones. Después de estudiar mis reflexiones, el consejero me preguntó: «¿Cómo describiría con una sola palabra su punto óptimo?»

«Mensaje», respondí sin titubear. Comprendí que existo para reflejar a Dios por medio de una predica clara e historias conmovedoras.

Entonces él me hizo la pregunta que me desarmó. «¿Refleja su calendario su pasión?»

Repasamos los seis meses previos de reuniones, recaudación de fondos, y desarrollo de la instalación. —Me parece que usted forma parte de demasiados comités de planeamiento —observó.

—Suponía que era mi deber, pues soy el ministro.

—Dígame, ¿de qué tratan estas reuniones?

—Del color de la pintura. El área del estacionamiento. Los códigos de urbanización de la ciudad.

—¿Le complacen estos temas?

—Sólo un poquito más que una operación a corazón abierto.

—¿Incluye su HISTORIA alguna supervisión exitosa de proyectos de construcción?

—No.

—¿Alguna vez vienen a pedirle consejos sobre planeamiento estratégico?

—No.

—Y entonces, ¿qué le hace pensar que debe darlos ahora?

De repente mi agotamiento cobró sentido. Estaba operando con mis debilidades, ¡tratando de hacer el máximo en lo que peor hago! Aprendida la lección, renuncié a todos los comités y regresé a estudiar y a escribir. Poco después, mi energía había resurgido, mi pasión se había revitalizado. Mi renovación comenzó cuando hice una pausa intencional.[2]

¿Y usted? ¿Siente que existe una desconexión entre su diseño y sus deberes cotidianos? ¿Está ignorando sus fuerzas? Tal vez Dios quiere que usted salga de su Capernaúm, y sin embargo usted se queda. O quizás Él quiere que se quede, pero usted se va ¿Cómo puede saberlo, a menos que calle a la multitud y se encuentre con Jesús en un lugar desierto?

Cristo escapó del ruido de la multitud con frecuencia para oír la voz de Dios.

«Desierto» no significa necesariamente desolado, sólo apacible. Un lugar hacia el cual usted, como Jesús, pueda *salir.* «Cuando ya era de día, salió» (Lucas 4.42). «Salir» presupone una decisión por parte de Jesús. «Necesito escaparme. Para pensar. Para ponderar. Para volver a trazar mi rumbo». Él determinaba el momento, escogía un lugar. Con decisión, apretaba en su vida el botón de pausa.

Su escape requiere la misma determinación. ¡En el infierno odian verle parar! Richard Foster lo describió muy bien cuando escribió: «En la sociedad contemporánea nuestro Adversario es experto en tres cosas: ruido, prisa, y multitudes. Si puede mantenernos atrapados en lo 'mucho' se dará por satisfecho». El siquiatra C. G. Jung dijo una vez: «La prisa no es *del* diablo; *es* el diablo».[3]

El diablo nos implanta taxímetros en el cerebro. Escuchamos el incesante tic, tic, tic que nos apremia a apresurarnos: de prisa, de prisa, el tiempo es oro... y el resultado es esa inconsistencia rugiente llamada *raza* humana.

Pero Jesús resistía la corriente, oponiéndose al crescendo con estas palabras: «Venid a mí todos los que estáis trabajados y cargados, y yo os haré descansar» (Mateo 11.28). Siga el ejemplo de Jesús, quien «se apartaba a lugares desiertos, y oraba» (Lucas 5.16).

Eugene Peterson nos ofrece en este sentido un ejemplo saludable. Este autor de numerosos libros y pastor durante tres décadas conoce la importancia de hacer una pausa intencional. Él escribió:

> El lunes es mi sabbath. No programo nada para un lunes. Si hay alguna emergencia, respondo, pero sorprendentemente son muy pocas. Mi esposa me acompaña en el cumplimiento de ese día. Preparamos un almuerzo, lo ponemos en una fiambrera, agarramos los binoculares y salimos conduciendo hacia cualquier parte de 15 minutos a una hora de distancia, a algún sendero que siga el curso de un río o a las montañas. Antes de comenzar nuestro paseo mi esposa lee un salmo y ora. Después de esa oración ya no volvemos a hablar: nos sumergimos en un silencio que continuará durante las próximas dos a tres horas, hasta que hagamos un alto para almorzar.
>
> Caminamos sin prisa, vaciándonos, abriéndonos a todo lo que nos rodea: las formas de los helechos, la fragancia de las flores, el canto de los pájaros, los salientes de granito, los robles y los sicomoros, la lluvia, la nieve, la escarcha, el viento... cuando el sol que arde en nuestros estómagos nos dice que es hora de almorzar, rompemos el silencio con una oración para bendecir los emparedados y las frutas, el río y el bosque. Entonces somos libres de hablar, de compartir experiencias sobre avistamientos de aves, pensamientos, observaciones, ideas. Lo que nos venga a la mente, sea mucho o poco. Regresamos a casa a media tarde o al caer el sol, y nos dedicamos al entretenimiento, a hacer las labores domésticas, o a leer. Después de la cena, yo generalmente me dedico a escribir cartas familiares. Y eso es todo. Ni truenos del Sinaí. Ni iluminaciones en el camino de Damasco. Ni visiones de la isla de Patmos. Un día apartado para la soledad y el silencio. Nada que hacer. Sólo estar ahí. Es la santificación del tiempo.[4]

Las palabras del doctor Peterson me han inspirado. Ahora tengo un bastón y un sombrero de ala ancha. Mi sendero favorito, en un cercano parque natural, conoce el peso de mis pisadas. En el curso sobre las pausas soy un estudiante rezagado, pero mis calificaciones están mejorando. Después de un reciente servicio un miembro de la iglesia me preguntó: —¿Fue a usted a quien ví sentado en un banco del parque?

—Sí.

—¿En pleno día?

El viejo Max habría justificado la apariencia de holgazanería. —Estudiando. Terminando algún trabajo.

Pero yo no me excusé. —Era yo. Sólo estaba descansando.

El hermano me miró con curiosidad y siguió su camino. Yo me sonreía, complacido por haber establecido un ejemplo más sano. Después de seis días de trabajo, Dios descansó, y el mundo no se desplomó por eso. ¿Qué nos lleva a pensar que sí ocurrirá si le imitamos? (¿o será que tememos que no ocurra?)

Siga a Jesús al desierto. Mil y una voces, como micos desde las copas de los bananos, le gritarán que no vaya. Ignórelas. Imítelo a Él. Haga una pausa en su trabajo. Contemple la de Él. Acepte la invitación de su Creador: «Venid vosotros aparte a un lugar desierto, y descansad un poco...» (Marcos 6.31).

Y mientras se encuentre allí, disfrute de las bayas silvestres.

Confíe en los actos pequeños

Los que menospreciaron el día de las pequeñeces se alegrarán.

Zacarías 4.10

La Segunda Guerra Mundial había diezmado a Alemania. Los alemanes clamaban por suministros. Rusia redujo a esqueletos los edificios de Berlín y procuraba hacer lo mismo con su pueblo. Los rusos bloqueaban todos los camiones, trenes y barcos que transportaran alimentos. Sin ayuda, la ciudad sufriría una hambruna. Los militares estadounidenses y británicos respondieron con el puente aéreo de 1948. A lo largo de 11 meses, transportaron toneladas de alimentos para los 2.5 millones de berlineses.

Gail Halvorsen piloteó uno de los aviones de los Estados Unidos. Un día después de aterrizar en Berlín, el piloto de 27 años se puso a conversar con unos 30 niños alemanes a través de una cerca de alambre de púas. Aunque estaban hambrientos y necesitados, no pidieron nada.

Impresionado, Halvorsen buscó en su bolsillo, sacó dos tiras de goma de mascar, las partió a la mitad, y les alcanzó los pedazos a través de la alambrada. «Parecía que aquellos chicos hubiesen recibido un millón de dólares», recordaba. «Se colocaron bajo la nariz el pedacito de papel y aspiraron su aroma. Estaban en el séptimo cielo. Y yo, allí, todo confundido».

Conmovido por su situación, Halvorsen prometió regresar al día siguiente y dejar caer en paracaídas más goma de mascar desde su avión. Pero los vuelos de suministros aterrizaban cada media hora, y los chicos querían saber cómo podrían reconocerle. «Agitaré mis alas», respondió.

Halvorsen regresó a la Base de la Fuerza Aérea Rhein-Main y compró a sus compañeros raciones de goma de mascar y caramelos. Ató las golosinas a pequeños paracaídas hechos con pañuelos, las subió a su C-54, y, cumpliendo su palabra, voló sobre Berlín agitando las alas. Desde las calles de la ciudad los chicos avistaron a su amigo y corrieron a recoger los dulces que bajaban del cielo.

Había comenzado la operación Little Vittles. Pronto tomaría impulso. En el curso de tres semanas la Fuerza Aérea aprobó la cruzada. En los meses siguientes, los aeroplanos estadounidenses dejaron caer tres toneladas de caramelos sobre la ciudad. El piloto era conocido como Uncle Wiggly Wings (el tío que agita las alas).[1]

¿Es posible hacer grandes diferencias con pequeños actos? Halvorsen cree que sí.

Y lo que es más importante, Jesús también. Él nos dijo:

> «El reino de los cielos es semejante al grano de mostaza, que un hombre tomó y sembró en su campo; el cual a la verdad es la más pequeña de todas las semillas; pero cuando ha crecido, es la mayor de las hortalizas, y se hace árbol, de tal manera que vienen las aves del cielo y hacen nidos en sus ramas».
>
> Jesús también utilizó este ejemplo: «El reino de los cielos es semejante a la levadura que tomó una mujer, y escondió en tres medidas de harina, hasta que todo fue leudado» (Mateo 13.31–33).

Los primeros lectores del evangelio captaban fácilmente las imágenes de esta parábola. Ellos conocían los granos de mostaza y los grumos de levadura. Ambos eran pequeños: los primeros del tamaño de una peca (se necesitan 750 para completar un gramo[2]), y los grumos, no mayores que la yema del dedo pulgar. Sin embargo un diminuto grano de mostaza puede germinar y buscar las nubes, alcanzando hasta tres veces la estatura de un judío de los tiempos de Cristo, y echando frondosas ramas lo bastante grandes como para dar refugio a una bandada de pájaros. Una pizca de masa fermentada puede proporcionar tres comidas diarias a 40 personas durante varios días. Lo que empieza como una menudencia acaba con grandes proporciones.

Quizás la iglesia primitiva necesitaba este recordatorio. ¿Qué influencia podían ejercer un mínimo pesebre y una cruz ensangrentada sobre un bosque de tradiciones judías y filosofía griega? ¿Cómo podía un movimiento rural encabezado por un carpintero obtener tracción en un mundo religioso dominado por epicúreos, estoicos y agnósticos? Es como si un adolescente en una patineta pretendiera participar en la carrera de las 500 millas de Daytona.

¿Será que no necesitamos hoy ese recordatorio? A veces, nos asusta lo sencillo de la historia de Jesús. Y nuestro miedo podría disuadirnos de sembrar las semillas. ¿Sería posible sostener en las grandes universidades la versión de la escuela dominical sobre Jesús? ¿Tienen alguna posibilidad conceptos como «pecado», «salvación», y «redención» en estos tiempos sofisticados de humanismo y relativismo?

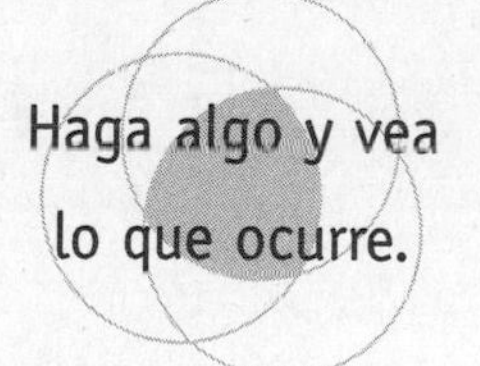

Aparentemente sí la tienen. ¿Dónde están hoy los romanos que crucificaron a Cristo? ¿O los epicúreos que menospreciaban a Pablo y discutían con él? ¿Dónde, los agnósticos que se burlaban de la iglesia original? ¿Y los grandes templos de Corinto? Ante ellos la iglesia de Cristo parecía enana. ¿Acaso se hacen todavía sacrificios a Zeus?

No, pero sí se sigue alabando a Jesús.

Por medio de actos ordinarios Dios hace obras extraordinarias. Un amigo mío vio la prueba de esta verdad mientras atendía a víctimas del huracán Katrina. Como médico, brindó su tiempo y talento para ayudar a algunas de las 12.500 personas evacuadas de Nueva Orleans que arribaron a San Antonio.

Un sobreviviente le contó una historia cautivante.

> Mientras el agua inundaba su casa, este señor salió nadando a través de una ventana. Con dos niños aferrados a su espalda, el hombre encontró refugio seguro encima del edificio más alto del vecindario. Otras personas se le unieron en aquel techo. Pronto era un pequeño círculo de gente amontonada sobre lo que sería su hogar por tres días, hasta que fueran rescatadas.
>
> Tras una hora sobre el edificio, el hombre se percató de que estaba sobre una iglesia. Pateó el techo con fuerza para llamar la atención y anunciar: «¡Estamos en tierra santa!» Sus noticias refrescaron la memoria de otra habitante del techo. Esta vio a su alrededor, gateó sobre el campanario, lo abrazó y gritó: «Mi abuelo y mi abuela ayudaron a construir esta iglesia».
>
> ¿Cree usted que aquellos abuelos pensarían que Dios iba a usar el trabajo de ellos para salvar a su nieta? Ellos seguramente oraron para que Dios usara aquel edificio para salvar almas... pero no podrían imaginarse que lo usaría para salvar a su nieta de un huracán. Ellos no tenían ni idea de cómo iba Dios a usar el trabajo de las manos de ellos.

¿Qué diferencia pueden hacer algunos actos de altruismo? ¿Se pregunta si su trabajo hace una diferencia? Pienso en un lector en la encrucijada. Uno recientemente impactado por Dios, quizás por mediación de este libro. La chispa divina en su interior está empezando a arder. ¿Deberá usted apagarla o avivarla? ¿Se atrevería a soñar que usted sí puede hacer una diferencia?

La respuesta de Dios sería: «Haz algo y mira a ver qué pasa».

Fue eso lo que les dijo a los ciudadanos de la antigua Jerusalén. A lo largo de 16 años el templo de Dios había estado en ruinas. El trabajo había sido abandonado. ¿Por qué razón? Oposición de los enemigos, e indiferencia de los amigos. Pero sobre todo, porque la tarea los abrumaba. Para construir el primer templo, Salomón había necesitado setenta mil transportistas, ochenta mil cortadores de piedras, tres mil seiscientos capataces, y siete años. ¡Un trabajo hercúleo! Los obreros deben haber pensado: *¿Qué diferencia podría hacer con mi trabajo?* La respuesta de Dios: «No menospreciéis el día de las pequeñeces, pues el Señor se regocija en ver *comenzar* la obra» (Zacarías 4.10).

Comience. ¡Solamente comience! Lo que a usted le parece insignificante para otros puede resultar inmenso. Pregúntele a Bohn Fawkes. Durante la Segunda Guerra Mundial él piloteaba un bombardero B-17. En una misión fue impactado por las baterías antiaéreas nazis. Aunque las balas alcanzaron los tanques de gasolina, el avión no estalló, y Fawkes consiguió aterrizar.

A la mañana siguiente, le pidió al jefe de su tripulación el proyectil alemán. Quería conservar un souvenir de su increíble buena suerte. El jefe le explicó que no sólo una, sino once balas habían sido encontradas en los tanques de gasolina, y que sin embargo ninguno de estos había hecho explosión.

Los técnicos abrieron los proyectiles y descubrieron que no contenían carga explosiva.. Eran inofensivos y, salvo uno, estaban vacíos. La única excepción contenía una hoja de papel cuidadosamente enrollada. En ella habían escrito con prisa un mensaje en idioma checo. La traducción decía: «Por ahora, esto es todo lo que podemos hacer por ustedes».[3]

Puedo imaginar a un valiente obrero de una cadena de montaje desarmando los proyectiles y garabateando la nota. Poner fin a la guerra no estaba en sus manos, pero sí lo estaba salvar un avión. Él no podía hacer todo, pero sí podía hacer algo. Y lo hizo.

«El SEÑOR se regocija en ver comenzar la obra.»

Cuando toma en sus manos actos pequeños, Dios hace grandes cosas.

Frente a un gigante, un canto rodado parece inútil. Pero Dios lo utilizó para derribar a Goliat. Comparadas con los diezmos de los ricos, las monedas de una viuda parecían nada. Pero Jesús las usó para inspirarnos. Y en contraste con sofisticados sacerdotes y poderosos gobernadores romanos, un carpintero colgado de una cruz sólo parecía otra vida más tronchada. Pocos líderes judíos lamentaron su muerte. Su cadáver fue sepultado por un puñado de amigos. La gente volvió a llenar el templo. Claro, ¿por qué no?

¿Qué poder podía tener un predicador sepultado? Todos sabemos la respuesta. El poder de los granos de mostaza y de los grumos de levadura. Poder para rasgar sudarios y empujar piedras mortuorias. Poder para cambiar la historia. En las manos de Dios, pequeñas semillas crecen hasta convertirse en árboles frondosos. Una pizca de levadura crece hasta formar grandes hogazas de pan.

Los pequeños actos pueden cambiar el mundo. Siembre el grano de mostaza. Oculte en la harina los grumos de levadura. Haga esa llamada. Escriba el cheque. Organice el comité. Deje caer desde su avión alguna goma de mascar. Dentro de 60 años otro soldado podría seguir su ejemplo. Chief Wiggles lo hizo.

No, no se trata de Uncle Wiggly Wings, a quien recuerdan en Berlín, sino de Chief Wiggles, el de Iraq. Como la de Halvorsen, su historia comenzó con un niño detrás de una alambrada. Y como la del bombardero de caramelos, su obra comenzó con un regalo.

En Bagdad, él notó que una niñita estaba llorando al otro lado de un tramo de alambre de púas. «Era obviamente muy pobre, con un vestido viejo y harapiento, sandalias de plástico sumamente gastadas, y el cabello pegado a la cabeza, lo que indicaba que no se había bañado en largo tiempo, mientras que su piel estaba cubierta de ampollas a consecuencia de la suciedad y la intemperie». El militar recordó que tenía algunos juguetes en su oficina, así que fue y le trajo a la niña un cepillo de dientes, un silbato y un mico de juguete. Mientras le extendía los regalos, «sus ojitos se iluminaban de alegría». Luego publicó su experiencia en la página web del ejército, y miles de personas respondieron, preguntando dónde podían enviar sus obsequios. Había nacido la operación Give (Dar). Y el soldado heredó el apodo de Halvorsen: «Chief Wiggles».[1]

Nunca menosprecie la sencillez de sus actos.

Moisés tenía un cayado.
David tenía una honda.
Sansón tenía una quijada.
Rahab tenía una cuerda.
María tenía algo de ungüento.
Aarón tenía una vara.
Dorcas tenía una aguja.
Todos fueron utilizados por Dios.
Y usted ¿qué tiene?

Dios habita en el diminuto grano de mostaza, y le infunde poder. Él nos cura de la vida común entregándonos una vida que no lo es, como tampoco lo son sus dones para nosotros. «Haced todo el bien que podáis, por todos los medios que podáis, en todas las formas que podáis, en todos los lugares que podáis, en todos los momentos que podáis, a todas las personas que podáis, y por tanto tiempo como podáis».[5] Nunca menosprecie la sencillez de sus actos.

Decodifique el código de su hijo

Así dice Jehová, Hacedor tuyo,
y el que te formó desde el vientre...

Isaías 44.2

Un jardinero ofreció un plantón a su amigo, un cultivador de naranjas. «Considérelo un regalo», le dijo.

Una directora de orquesta le entregó un paquete a su chelista favorita. «Es sólo porque aprecio su trabajo», le dijo.

Un artista dio gracias por su nobleza a un plomero, haciéndole un regalo.

Y entonces el cultivador de naranjas, el chelista, y el plomero abrieron sus regalos.

El cultivador de naranjas sembró el plantón, anticipando que daría frutos. Después de todo, él cultivaba naranjas, así que aquel plantón debía ser un naranjo. Pero la planta echó ramas enredadas y foliosas. El cultivador no pudo sacar de ella una sola naranja. La roció con fertilizantes e insecticidas especiales para naranjos.

Incluso roció el suelo con jugo de naranjas. Pero nada, ni una. Tomates, sí. Pero no naranjas. Se sentía fracasado.

La chelista había esperado un violonchelo. Ella era una persona bastante correcta. Pero el paquete contenía un acordeón. Trató el acordeón como si fuera un violonchelo, poniendo la base en el suelo y pulsando su arco a través de las teclas. Solo hubo ruido, no música. Se sintió decepcionada.

Y lo mismo le ocurriría al plomero. El que esperaba que le regalaran llaves y martillos; recibió en su lugar un pincel y una paleta. Confundido, se puso a reparar un salidero en una tubería con sus nuevas herramientas. Pero los pinceles no sirven para abrir válvulas, ni una paleta para apretar conexiones. Así que, refunfuñando, sólo consiguió pintar la tubería.

El cultivador de naranjas, aunque prefería estas, cultivó tomates.

La chelista logró sacar algunos sonidos, pero no música.

El plomero pintó la tubería, pero no la pudo arreglar.

Todos supusieron que su regalo tendría que ver con lo que sabían hacer, y no con lo que el dador les dio.

Cada año Dios hace un presente a millones de parejas: un bebe recién nacido. Ellas tienden a esperar naranjas, y ellos herramientas de plomería. Pero el cielo tiende a distribuir tomates, acordeones, y materiales de pintura. Las madres y los padres enfrentan una decisión. ¿Haremos a nuestros hijos según nuestra imagen? ¿O les dejaremos asumir las identidades que Dios les ha dado?

Los padres pueden como nadie abrir las puertas para que brote lo extraordinario de sus hijos. Como padres, aceleramos o retardamos, liberamos o reprimimos los dones de nuestra prole. Ellos pasarán una gran parte de su vida beneficiándose o recuperándose de nuestra influencia. Aunque este no es un libro sobre la crianza de los hijos, amerita que digamos algunas cosas a los padres. ¿Quién, sino nosotros, tiene mejores posibilidades de ayudar a nuestros hijos a vivir en su punto óptimo? Pero ¿estamos dispuestos a hacerlo?

Los padres pueden como nadie abrir las puertas para que brote lo extraordinario de sus hijos.

La Palabra de Dios nos urge a ello. Escuche detenidamente este recordatorio expuesto en un pabellón de maternidad de un hospital: «Instruye al niño en su camino, y aun cuando fuere viejo no se apartará de él» (Proverbios 22.6).

Cuidado con este versículo. No debe interpretarlo como: «Si pongo a mis hijos en el camino correcto, nunca lo abandonarán. Si les lleno de Escrituras, lecciones bíblicas y sermones, tal vez se rebelen, pero al final regresarán».

El proverbio no hace tal promesa. La salvación corresponde a Dios. Los padres que se inspiran en Él pueden preparar el terreno y plantar la semilla, pero es Dios quien da el crecimiento (1 Corintios 3.6). Madres y padres ablandan los corazones de sus vástagos, pero no pueden controlarlos. ¿Mostrarles el camino? Sí ¿Obligarles a seguirlo? No.

Entonces, ¿qué enseña a los padres este pasaje?

Les enseña a aprender a querer los tomates,
Apreciar el sonido de un acordeón,
Llevar los materiales de pintura al lienzo,
no al fregadero, y
Ver a cada hijo como un libro, no para escribirlo,
sino para leerlo.

La frase griega que traducimos como « instruye» desciende de una raíz que significa despertar la sed. Las parteras hebreas despertaban la sed del recién nacido hundiendo un dedo en un tazón de dátiles machacados y poniéndolo luego en la boca del bebé. «Instruir» significa, por tanto, despertar la sed.

Los padres despiertan la sed «en su camino [de sus hijos]». La breve palabra «en» quiere decir «de acuerdo con» o «en cooperación con», lo que sugiere que los recién nacidos vienen con un disco duro preprogramado. La Biblia Estadounidense Estándar remata este versículo con la frase «de acuerdo con su camino».

En hebreo, «camino» sugiere «manera» o «modo». Fíjese cómo se emplea una palabra afín, «rastro», en Proverbios 30.18–19:

Tres cosas me son ocultas,
Aun tampoco sé la cuarta:
El *rastro* del águila en el aire,
El *rastro* de la culebra sobre la peña,
El *rastro* de la nave en medio del mar,
Y el *rastro* del hombre en la doncella.

«Camino», o en el caso anterior «rastro», se refiere a una capacidad o característica única, bien de un águila, una serpiente, una nave, o una persona. Si usted instruye a su hijo «en su camino», se pondrá a tono con sus características inherentes y rasgos congénitos distintivos.

La misma palabra también puede traducirse como «doblar» o «inclinar». El salmista la utiliza para describir la forma en que se dobla o tiende un arco.

[Dios] Armado tiene ya su arco, y lo ha preparado. (Salmo 7.12).

Porque he aquí, los malos tienden el arco,
Disponen sus saetas sobre la cuerda,
Para asaetear en oculto a los rectos de corazón. (Salmo11.2).

El arquero tiende su arma, y toma puntería sobre un blanco. En el momento en que su hijo nace, Dios ha hecho lo mismo. Ya ha «tendido» al niño en una cierta dirección. Él le alcanza un arco preparado que usted asegura hasta el día en que deba soltar la saeta. Instruya a su hijo «en su camino». Lea el itinerario que Dios ha diseñado para él. No vea a su hijo como una página en blanco que espera por su pluma, sino como un libro ya escrito que aguarda que usted lo estudie.

La Biblia Amplificada traduce así este versículo: «Instruye a tu hijo en su camino [y en conformidad con su don o inclinación individual], y cuando sea viejo no se apartará de él».

El magnífico libro de Charles Swindoll *You and Your Child* [Usted y su hijo] es un útil recurso para los padres:

> En cada hijo que Dios deposita en nuestros brazos, hay una *inclinación*, un conjunto de características ya establecidas. Esta inclinación es fijada y determinada antes de que el niño sea entregado a nuestro cuidado. Él no es, en realidad, un maleable pedazo de barro. Ha sido establecido; y ha sido inclinado. Y los padres que se proponen instruir correctamente a este niño ¡descubrirán esa inclinación![1]

Dios diseñó por anticipado los circuitos de su hijo. Prefiguró sus puntos fuertes. Le colocó en una trayectoria. Y le entregó a usted un proyecto investigativo a realizar en 18 años. Pregúntese, pregunte a su esposa y a sus amigos: ¿qué es lo que diferencia a este niño? Las tendencias en la infancia prefiguran las capacidades adultas. Usted debe leerlas. Discernirlas. Afirmarlas. Estimularlas.

He aquí un ejemplo. A los ocho años, R. G. Collingwood, se sentaba entre la biblioteca y la mesa de su padre, a leer, de todos los volúmenes, la *Teoría de la Etica de Kant.* Más tarde escribiría:

> Cuando comencé a leerlo... una extraña sucesión de emociones me sacudió... presentía que el contenido del libro, aunque incomprensible para mí, era de algún modo lo mío; un asunto muy personal para mí, o para mi futuro yo... sentía como si se hubiese descorrido un velo y revelado mi destino.[2]

Aquel presentimiento se cumplió. A su muerte en 1943, Collingwood se había establecido como un distinguido filósofo que había escrito obras sobre metafísica, religión y estética.

Immanuel Kant no atrae a muchos niños de ocho años. Pero cada uno de estos se siente atraído por algo. Y ese «algo» entraña una revelación sobre el futuro que Dios desea para él.

Fíjese en José. A los 17 años, interpretaba sueños y se veía como un líder (Génesis 37.5–10). Ya adulto interpretó los sueños del Faraón y dirigió a la nación egipcia (Génesis 40 y 41).

El joven pastorcillo David exhibía dos puntos fuertes: sabía pelear y hacer música. Mató a un león y a un oso (1 Samuel 17.34–37) y tocaba exquisitamente el arpa (16.18). ¿Cuáles fueron las dos actividades que dominaron sus años de adulto? La guerra y la música. Dio muerte a decenas de miles en combate (1 Samuel 29.5), ¿Y acaso no seguimos cantando sus canciones?

Incluso Jesús mostró una inclinación desde su infancia. ¿Dónde encontraron José y María al extraviado chiquillo de 12 años? «Y aconteció que tres días después le hallaron en el templo, sentado en medio de los doctores de la ley, oyéndoles y preguntándoles» (Lucas 2.46). José el carpintero no encontró a su hijo entre carpinteros, sino entre maestros de fe e intérpretes de la *Torah*. ¿Se manifestó este interés original más adelante en su vida? Por supuesto que sí. Hasta sus enemigos le llamaban «rabí» o Maestro (Mateo 26.49). Jesús, el hijo de un carpintero, tenía el corazón de un Maestro de fe.

De hecho, ¿no advertimos una leve reprimenda en su respuesta a sus padres? «Entonces él les dijo: "¿Por qué me buscabais? ¿No sabíais que en los negocios de mi Padre me es necesario estar?"» (Lucas 2.49). Parece como si les dijera: «Habéis visto mi inclinación. He vivido por 12 años bajo vuestro techo ¿Es que no conocéis mi corazón?»

¿Y sus hijos? ¿Conoce usted sus corazones? ¿Cuál es su HISTORIA?

Puntos fuertes. ¿Qué es lo que pueden hacer con facilidad? A los dos años de edad, el pianista Van Cliburn tocó en el piano una canción que había estado escuchando durante unas lecciones impartidas en la habitación contigua. Su madre se dio cuenta de su habilidad y empezó a darle lecciones diarias de piano. Aquel muchachito de Kilgore, Texas, ganó la Primera Competencia Internacional de Piano Tchaikovsky en Moscú. ¿Por qué? En parte porque hubo una madre que notó una actitud en su hijo y le ayudó a desarrollarla.[3]

No vea a su hijo como una página en blanco que espera por su pluma, sino como un libro escrito esperando que usted lo estudie.

Temas. El escritor John Ruskin dijo: «Dígame qué le gusta hacer y le diré quién es».[4] ¿Qué les gusta hacer a sus hijos? ¿Qué proyectos les cautivan? ¿Por cuáles temas se dejan arrastrar gustosos? ¿Números? ¿Colores? ¿Actividades?

Una foto de mi sobrino nieto Lawson, de tres años apareció en el periódico de mi ciudad. Presenta dos vistas igualmente espléndidas de una acera de San Antonio: Un mariachi y una exhibición de guitarras en miniatura. Con permiso de sus padres, Lawson tomó una guitarra, ocupó su lugar en la orquesta, y empezó a tocar. Un fotógrafo que pasaba captó el momento. ¿Qué dice esta foto sobre él? Un padre alerta se haría esa pregunta. También se haría preguntas acerca de...

Condiciones óptimas. Los pinos y los robles necesitan suelos diferentes. Un cactus prospera en condiciones diferentes que un rosal. ¿Y qué del terreno y el ambiente en que se desarrollará su hijo? Algunos niños adoran que reparen en ellos. Otros prefieren esconderse en la multitud. Algunos disfrutan con los plazos apretados. Otros necesitan mucha preparación y ayuda. Algunos siempre salen bien en los exámenes. Otros son excelentes en la materia, pero tropiezan en las pruebas.

Rush Limbaugh obtuvo una D en oratoria pública, pero hoy en día disfruta hablando ante los micrófonos de la radio.[5] El examen inicial de álgebra en la academia de West Point estuvo a punto de excluir a Omar Bradley de la vida militar. Consiguió entrar en el grupo superior al de peor rendimiento académico, y sin embargo llegó a ser general de cinco estrellas y a supervisar miles de tropas y millones de dólares durante la Segunda Guerra Mundial.[6] Todos tenemos diferentes condiciones óptimas. ¿Cuáles son las de sus hijos?

Relaciones. Antes de que Golda Meir liderara a Israel durante la Guerra de 1973, había liderado a su clase de cuarto grado contra las escuelas públicas de Milwaukee. Ella organizó una protesta para denunciar la desigualdad de exigir a estudiantes pobres que compraran libros de texto. A los once años, arrendó un teatro, recaudó fondos, y convenció a su hermana para que recitara un poema socialista en *yiddish*, tras lo cual Meir habló ante la asamblea. Su madre le había urgido a escribir el discurso. Pero la futura primera ministra del Partido Laborista rehusó hacerlo. «Para mí tenía más sentido decir lo que quisiera decir».[7]

Algunos nacen, como Golda, para liderar; otros, para seguir. En lo referente a las relaciones, ¿cuál de las siguientes frases describen mejor a cada uno sus hijos?

«Síganme todos».

«Si necesito ayuda se lo diré».

«¿Podemos hacer esto juntos?»

«Dígame lo que hay que hacer, y lo haré».

No hay que caracterizar a los que prefieren andar solos como distantes, ni como arrogantes a los que buscan un público. Es posible que estén viviendo su HISTORIA.

¿Qué ofrece a sus hijos satisfacción y placer? ¿Disfrutan del viaje o de llegar a la meta? ¿Les gustan las cosas bien hechas o hacer bien las cosas? Lo que entusiasma a una persona puede aburrir a otra. Al apóstol Pedro le gustaba mantener la barca en

Las tendencias infantiles predicen las habilidades adultas.

puerto seguro, mientras que a Pablo le encantaba remecerla.

Puntos fuertes. Temas. Condiciones óptimas. Relaciones. A usted se le ha entregado un libro sin título: ¡Léalo! Un disco compacto sin portada: ¡Escúchelo! Una isla de nadie: ¡Explórela! Resista la impaciencia por poner etiquetas antes de hacer sus estudios. Ponga cuidadosa atención a la infancia exclusiva de su hijo. ¿Qué HISTORIA puede leer en ellos? No son comunes los padres que intentan aprender, pero sus hijos son bendecidos.

Mi nombre está entre ellos. Por las venas de mi padre corría aceite de motor. Se ganaba la vida reparando motores en los yacimientos petroleros, y para entretenerse reparaba motores de automóvil. Él trabajaba con la grasa y los pernos como los escultores con el barro; eran los materiales que había escogido. Papá amaba las máquinas.

Pero Dios le dio un hijo torpe para la mecánica, que no podía distinguir entre un diferencial y un disco de frenos. Mi padre trató de enseñarme. Y yo, de aprender. Para ser honesto, algo aprendí. Pero más de una vez me quedé dormido debajo del auto en que estábamos trabajando. A mí, las máquinas me anestesiaban. Pero los libros me fascinaban. Podía ir mil veces en mi bicicleta a la biblioteca. ¿Qué hace un mecánico con un hijo que adora los libros?

Conseguirle una tarjeta de la biblioteca. Comprarle unos cuantos libros por Navidad. Colocar una lámpara sobre su cama para que pueda leer por las noches. Pagar una matrícula para que su hijo pueda estudiar durante el bachillerato literatura de nivel universitario. Mi padre hizo todo eso. ¿Sabe lo que no hizo? Jamás me dijo: «¿Por qué no puedes ser mecánico como tu padre y su abuelo?» Tal vez comprendió mi inclinación. O quizás no [illegible] ne muriera de hambre. Pero de algún modo supo [illegible] hijo en su camino».

[illegible] encarga a los padres que escriban un manuscrito, sino que les da códigos para decodificar. Estudie a sus hijos mientras pueda. El mayor regalo que puede hacerles no son sus propias riquezas, sino ayudarles a revelar las suyas.

No se sienta demasiado grande para hacer algo pequeño

Cada uno según el don que ha recibido, minístrelo a los otros.

1 Pedro 4.10

La vista desde el Monte Chrysolite en Colorado nos priva del poco aliento que no nos roba la escalada. Un manto de nieve cubre al este los picos que marcan la divisoria línea continental. Lo que se distingue al norte podría jurarse que es Montana. Prístinos lagos de aguas heladas repletas de truchas se extienden abajo a lo ancho del valle como una hilera de perlas.

Todos los jueves durante el verano unos 400 adolescentes emprenden la escalada de 45 kilómetros. Viajan de todo el país para pasar una semana en el Rancho Frontier, un campamento de la organización Young Life. Algunos vienen escapando de sus padres o para compartir con algún amigo. Pero antes de que la semana termine, todos han escuchado hablar de Jesús. Y todos son testigos de su obra, desde la cumbre del Monte Chrysolite.

Todos llegan a la cima. Por esta razón, varios directores de Young Life marchan en la retaguardia. Ellos les alientan y aplauden, para asegurarse de que todos los campistas lleguen a la cima. Compartí con ellos la subida.

Un joven estudiante, cuyo punto óptimo muestra gran potencial para los seguros, fue contando los pasos. Ocho mil. Iríamos cerca del número cuatro mil cuando Matthew, de Minnesota,[1] desistió asegurando que estaba demasiado cansado para dar un paso más.

El muchacho me agradó de inmediato. Le habría caído bien a cualquiera. Era jovial, agradable y, en este caso, decidido como un mulo a no trepar a esa montaña. Permitió que todos le pasaran, menos algunos de nosotros. «Voy a bajar», anunció. Un empleado de Young Life le explicó las consecuencias. «Amigo, no puedo dejarte bajar solo. Si tú regresas, regresamos todos».

Me di cuenta que el pequeño círculo de «todos» «me» incluía. No quería regresar. Tenía dos alternativas: perderme la cumbre o ayudar a Matt a llegar a ella.

Traté de persuadirle, le rogué, negocié con él un plan. Treinta pasos de avance por 60 segundos de descanso. Durante una hora avanzamos a paso de caracol. Por último, nos detuvimos a unos 180 metros de la cumbre. Pero el tramo final del camino era tan empinado como una escalera de bomberos.

La cura de Dios para una vida común incluye una fuerte dosis de servicio.

Aquí nos pusimos serios. Dos de nosotros lo tomaron por cada uno de sus brazos, y yo me hice cargo del trasero. Coloqué mis manos en los glúteos de Matt, y a empujar. Prácticamente lo remolcamos montaña arriba.

Fue entonces que escuchamos los aplausos. Ochocientas manos desde la cima del Monte Chrysolite le tributaron a Matt, el de Minnesota, una fuerte ovación. Gritaron, chillaron y le dieron palmadas en la espalda.

Mientras aminoraba el paso para irme a descansar, una idea avanzó vertiginosamente hacia mí. *Ahí la tienes, Max, una imagen de mi plan. Hagan cuanto puedan para empujarse unos a otros hacia la cima.* ¿Un mensaje de Dios? Sonaba como algo que Él hubiese dicho.

Después de todo, eso es lo que había hecho su hijo. Recordemos las declaraciones de Jesús sobre el propósito que se había asignado: «Porque el Hijo del Hombre no vino para ser servido, sino para servir, y para dar su vida en rescate por muchos» (Marcos 10.45).

La cura de Dios para la vida común incluye una fuerte dosis de servidumbre. Un oportuno recordatorio. Mientras celebra su diseño exclusivo, tenga cuidado. No se concentre tanto en lo que le gusta hacer que vaya a descuidar lo que es necesario hacer.

Muy pocos puntos óptimos admiten un cambio de pañales a las tres de la madrugada. La mayoría de las HISTORIAS no contemplan entre los puntos fuertes la habilidad para limpiar un garaje. Tal vez a usted no le nace visitar a un vecino enfermo. Y sin embargo, el enfermo necesita estímulo, los garajes necesitan limpieza, y cambiar los pañales resulta perentorio.

El mundo necesita siervos. Gente como Jesús que «no vino a ser servido, sino a servir». Él escogió a la remota Nazaret en lugar de a la cosmopolita Jerusalén; el taller de carpintería de su padre, en vez de un palacio de columnas de mármol; y tres décadas de anonimato, antes que una vida de popularidad.

Jesús vino a servir. Favorecía la oración antes que el sueño; el desierto antes que el Jordán; apóstoles irascibles en vez de ángeles obedientes. Yo habría escogido a los ángeles. De tener la alternativa, habría formado mi equipo de apóstoles con querubines y serafines con los arcángeles Gabriel y Miguel, testigos del rescate en el Mar Rojo y del fuego que descendió sobre el Monte Carmelo. Yo habría escogido a los ángeles.

Pero no Jesús. Él optó por los seres humanos. Pedro, Andrés, Juan, y Mateo. Cuando la tormenta les asustó, Él hizo que amainara. Cuando no tenían para pagar los impuestos, el proveyó. Y cuando no tenían vino para la boda o comida para la multitud, creó las dos cosas.

Él vino a servir.

Él permitió que una mujer samaritana interrumpiera su descanso, que una adúltera interrumpiera su sermón, que una enferma interrumpiera sus planes, y que alguien con remordimientos interrumpiera su cena.

Aunque ninguno de los apóstoles nunca le lavó los pies, él lavó los de ellos. Aunque ninguno de los soldados al pie de la cruz pidió misericordia, Él se la concedió. Y aunque sus seguidores se dispersaron como conejos asustados el jueves santo, Él volvió por ellos el domingo de resurrección. El Rey resucitado ascendió al cielo solo después de haber pasado cuarenta días con sus amigos: enseñándoles, estimulándoles... sirviéndoles.

¿Por qué? Porque es lo que había venido a hacer. Él vino a servir.

Joseph Shulam, un pastor de Jerusalén, cuenta una memorable historia acerca de un hombre que emuló los hechos de Jesús. El hijo de un rabino batallaba contra serios problemas emocionales. Un día el muchacho se fue al patio, se despojó de sus vestiduras, asumió una postura agazapada, y empezó a actuar como un pavo. Lo estuvo haciendo, no durante horas o días, sino durante semanas. Ninguna promesa podía disuadirle. Ni tampoco pudo ayudarle un sicólogo.

Un amigo del rabino, que había estado observando al muchacho y compartía la congoja de su padre, se ofreció para ayudar. Él también se fue al patio y se despojó de sus vestiduras. Se agachó junto al muchacho y comenzó a emitir un sonido similar al de los pavos. Durante varios días, nada cambió. Finalmente, el amigo le habló al hijo.

«¿Te parecería bien que los pavos vistieran camisa?» Después de pensarlo un poco, el hijo estuvo de acuerdo. Así que se pusieron sus camisas.

Unos días después, el amigo le preguntó al muchacho si sería aceptable que los pavos usaran pantalones. Este asintió. Con el tiempo, el amigo logró que el muchacho se pusiera toda su ropa. Y finalmente, que volviera a la normalidad.[2]

¿Le parece increíble esta historia? A mí también. Pero no tan increíble como los actos de Jesús. Él se despojó de sus vestiduras celestiales, se cubrió de una epidermis y vellos, descendió a nuestro mundo, y habló nuestro idioma con la esperanza de guiar de regreso a casa a esta bandada de pavos. «Él se despojó a sí mismo, tomando forma de siervo, hecho semejante a los hombres; y estando en la condición de hombre, se humilló a sí mismo, haciéndose obediente hasta la muerte, y muerte de cruz» (Filipenses 2.7–8).

Sigamos su ejemplo. «Sumisos unos a otros revistámonos de humildad...» (1 Pedro 5.5). Jesús vino al mundo a servir. Nosotros podemos ir a nuestros trabajos, nuestros hogares, o nuestras iglesias. La servidumbre no requiere habilidades específicas ni un título de seminario. Independientemente de sus puntos fuertes, su entrenamiento, o su posición en la iglesia, usted puede...

Amar a los ignorados. Jesús se sienta en su aula, con gruesos lentes, ropa pasada de moda, y tristeza en el rostro. Usted le ha visto. Él es Jesús.

Jesús trabaja en su oficina. Embarazada una vez más, llega tarde y cansada a trabajar. Nadie sabe quién es el padre. Según rumores de pasillos, ni siquiera ella lo sabe. Usted la ha visto. Ella es Jesús.

Cuando usted habla al estudiante solitario, o hace amistad con la madre cansada, usted ama a Jesús. Él se viste según el estilo de los soslayados e ignorados. «De cierto os digo que en cuanto lo hicisteis a uno de estos mis hermanos más pequeños, a mí lo hicisteis» (Mateo 25.40).

Usted puede hacerlo. Aun si su punto óptimo no tiene nada que ver con dar aliento a otra persona, la cura para la vida común comprende amar a los ignorados.

Usted puede además...

Izar bandera blanca. Peleamos tanto. «¿De dónde vienen las guerras y los pleitos entre vosotros?» pregunta el hermano de Jesús. «¿No es de vuestras pasiones, las cuales combaten en vuestros miembros?» (Santiago 4.1)

No se enfoque tanto en lo que le gusta hacer al punto que rehúse hacer lo que debe.

Los siervos resisten la terquedad. Ulrich Zwingli manifestaba un espíritu así. Durante la gran Reforma en Europa promovía la unidad. En cierto momento sostuvo una discrepancia con Martín Lutero. Zwingli no sabía qué hacer. Encontró la respuesta una mañana en la ladera de una montaña suiza. Vio a dos cabras que caminaban por un sendero desde posiciones opuestas, una subiendo, y la otra bajando. Al llegar a determinado punto el sendero era tan estrecho que les impedía pasar una por el lado de la otra. Cuando se vieron, retrocedieron y bajaron la cerviz, como si estuviesen listas para atacar. Pero entonces sucedió algo maravilloso. La cabra que iba subiendo se postró sobre el camino. La otra también se plantó sobre el trasero. El primer animal se puso entonces en pie y continuó subiendo hacia la cima. Zwingli observó que esta cabra llegó más alto porque estuvo dispuesta a humillarse más.[3]

¿No le ocurrió lo mismo a Jesús? «Por lo cual Dios también le exaltó hasta lo sumo, y le dio un nombre que es sobre todo nombre, para que en el nombre de Jesús se doble toda rodilla...» (Filipenses 2.9–10)

Sirva a alguien tragándose su orgullo. Sin importar su diseño, usted puede izar bandera blanca y...

Fue aquí donde sonó el teléfono. En este punto de la redacción de este capítulo, Denalyn me llamó.

—¿Estás ocupado?, —me preguntó.

—Un poco... ¿Por qué?

—Necesito que me ayudes a bajar del auto una nevera.

—Oh... —Mi voz quedó en suspenso.

—Pesa mucho. ¿Podrías venir a casa y bajarla?

¿Una nevera? Yo quería seguir escribiendo, terminar la idea, acabar un libro que cambiaría a la humanidad, poner en blanco y negro palabras que bendecirían a las generaciones futuras. ¿Es que esta mujer no habría comprendido mi llamado? ¿Es que no sabe con quién se ha casado? Por encima de mi hombro, los ángeles toman nota. Y ella quiere que yo vaya a casa para ayudarle a bajar una nevera. No tenía ningún deseo de ayudarla.

Pero entonces recordé el tema de este capítulo. Pablo me estaba hablando cuando escribió: «El que se cree ser algo, no siendo nada, a sí mismo se engaña» (Gálatas 6.3).

El pedido de Denalyn revelaba otro aspecto más de la servidumbre...

El servicio no requiere una habilidad distintiva ni un grado académico.

Haz cada día algo que no quieras hacer. Recoge la basura de alguien. Cede tu espacio de estacionamiento. Baja la nevera. No tiene que ser algo extraordinario. Helen Keller dijo una vez ante la legislatura de Tennessee que cuando era joven, había querido hacer grandes cosas, pero no pudo, y por tanto decidió hacer pequeñas cosas con gran esmero.[4] Nunca se sienta demasiado grande para hacer algo pequeño. «...Estad firmes y constantes, creciendo en la obra del Señor siempre, sabiendo que vuestro trabajo en el Señor no es en vano» (1 Corintios 15.58).

Una vez, el Barón de Rothschild le pidió al artista Ary Scheffer que le hiciera un retrato. Aunque era un rico financiero, Rothschild posó con la indumentaria de un mendigo, en harapos y sosteniendo un jarro de lata. Durante una de las sesiones de pintura entró en la habitación un amigo del artista. Pensando que Rothschild era realmente un mendigo, echó en su jarro una moneda.

Diez años después aquel hombre recibió una carta del Barón de Rothschild y un cheque por 10.000 francos. El mensaje decía: «Un día en el estudio de Ary Scheffer usted le dio una moneda al Barón de Rothschild. Él la invirtió y le está enviando el capital que usted le confió, junto con los intereses que ha ganado. Una buena acción trae siempre buena suerte».[5]

A lo dicho podríamos agregar algo. Una buena acción no solo trae buena suerte, sino que también atrae la atención de Dios. Él observa las acciones de los siervos. Envió a su Hijo para servir.

Cuando usted y yo lleguemos a la cima del Monte Sión y escuchemos el aplauso de los santos, comprenderemos esto: también a nosotros nos empujaron unas manos hacia la cumbre. Las manos perforadas de Jesucristo, el más grande siervo que haya existido.

Conclusión

Puntos óptimos: Dos personas que los encontraron

Mas vosotros sois linaje escogido... para que anunciéis las virtudes de aquel que os llamó.

1 Pedro 2.9

Rich, de diez años, tiembla debajo de las sábanas. En la habitación contigua sus padres discuten. Papá ha vuelto a beber. Mamá está de nuevo preocupada. El dinero nunca alcanza. El trabajo, tampoco. Se están gritando y el niño tiembla. ¿Los desalojarán de la casa? La ansiedad y la ira nublan el hogar. Rich recuerda la conclusión a que llegó aquella fría noche en Syracuse: «Mis padres no pueden ayudarme. Si llego, llegaré por mi propia cuenta».

Cuando estaba en séptimo grado pidió y recibió catálogos de cada una de las universidades más exclusivas del país. Había determinado que la educación pagaría su boleto para salir de la escasez. La vida universitaria le llevó a la Universidad Cornell, donde las becas pagaban la matrícula, y las calificaciones se obtenían con trabajo duro. Se hizo amigo de otros muchachos como él, estudiantes que no nacieron entre vajillas de plata, sino entre las pesadas anclas del infortunio. Reclutó y dirigió a un improvisado equipo de voleibol, compuesto por jugadores demasiado bajitos o ineptos para integrar la prestigiosa escuadra de la fraternidad. Rich y su equipo ganaron el campeonato universitario. Aparentemente el niño pobre de Syracuse sentía compasión por otros como él.

Buenas calificaciones le ganaron una beca para Wharton, donde obtuvo una Maestría en Administración de Negocios y encontró los dos amores de su vida: Reneé y Jesús. Reneé sugirió que registraran su boda en la sección de vajillas de una tienda por departamentos. Rich se negó. «Mientras haya niños hambrientos, no debemos tener vajillas finas de porcelana o de cristal», dijo él. Aquí hablaba de nuevo el abogado de los olvidados. En su boda, Rich y Reneé recibieron juegos de *fondue* y ollas de barro como para llenar un armario, más ninguna vajilla.

Rich escaló fácilmente posiciones en el mundo de los negocios. A los 33 años ya era ejecutivo principal de Parker Brothers, una compañía internacional de juegos y juguetes. Once años después había cambiado de compañía y llegado a la cima de otro escalafón corporativo, trabajando como ejecutivo principal de Lenox China and Crystal.

Cuando nuestros dones vierten luz sobre Él y ayudan a sus hijos, ¿no cree usted que sonreirá?

La vida no le maltrataba: tenía un trabajo seguro, una familia sana, una bonita casa en un terreno de dos hectáreas en Pennsylvania. Pero algo le molestaba: irónicamente, el novio que se había resistido a registrar su boda en la sección de vajillas finas estaba vendiendo bienes suntuarios y vajillas finas a gente acaudalada.

Algo parecía desequilibrado. Él sabía *qué* era lo que sabía hacer mejor: Administrar. Y también sabía *dónde* hacerlo: En empresas grandes. Pero *¿por qué?* Su inquietud aumentó, y consideró retirarse antes de tiempo. Mudarse a Boca Raton en la

Florida y jugar al golf. Reneé no estuvo de acuerdo. «Si nos retiramos, será al campo misionero».

¿Campo misionero? Rich desestimaba esa idea. No era teólogo, ni agricultor. ¿Cuál de las obras de Dios necesita a un experto en presupuestos y gráficos organizativos?

World Vision. El llamado le llegó en 1998. *¿Consideraría usted asumir el cargo de ejecutivo principal?* Rich había escuchado hablar del ministerio, de cómo defendían la causa de los pobres en todo el mundo. Rich conocía su trabajo, pero no tenía la menor idea de para qué lo querían. Rechazó la oferta. World Vision insistió, y convenció a Rich para que hiciera un plano de su vida, y evaluara sus habilidades.

Aceptó a regañadientes, y pasó ocho horas sometiéndose a una versión ampliada del recurso que le espera a usted al final de este libro. Los resultados convencieron a la junta de World Vision: Rich estaba hecho para el trabajo.

Pero él no estaba aún convencido. Veía el traslado como un suicidio profesional. ¿Mudarse con su familia de Pennsylvania a Seattle? ¿Afrontar una rebaja salarial del 75%? ¿Tomar en su mano las riendas, no de un negocio, sino de un ministerio? Pero a lo que más temía era a fracasar. ¿Y si echaba todo a perder?

World Vision le presionó. De los doscientos candidatos, él fue el escogido. Un miembro de la junta, Bill Hybels, le telefoneó y le retó a dar el salto. Le habló de compasión e impactos eternos. «Esta es una oportunidad de casar tus dones con el llamado de Dios. Cuando lo hagas entrarás en otra zona: aquella a la que fuiste destinado cuando fuiste creado».

Rich Stearns oró, sopesó sus opciones, y tomó una decisión. Cambió las ventas de vajillas de porcelana por esfuerzos humanitarios, trocó las reuniones por sesiones de estrategia sobre el sida. ¿Lo ha lamentado? Pregúntele y sienta las pulsaciones de su energía a través del teléfono. Yo apenas podía escribir lo bastante rápido para captar su entusiasmo:

«Este es el cumplimiento de aquello para lo cual fui creado».

«He encontrado mi camino».

«Mi trabajo está lleno de emociones».

«Me pregunto por qué esperé 23 años para llegar aquí».

World Vision tampoco tiene quejas. En sus primeros seis años bajo la administración de Rich, su presupuesto anual saltó de $350 millones de dólares a $807 millones, convirtiendo a World Vision en la más grande organización humanitaria en la historia del mundo.

Hacia el final de nuestra conversación, el muchacho del hogar conflictivo citó uno de sus versículos favoritos: «'Porque yo sé los pensamientos que tengo acerca de vosotros, dice Jehová, pensamientos de paz, y no de mal, para daros el fin que esperáis» (Jeremías 29.11).

«Cuando miro atrás», dice, «puedo ver el plan».

¿Y nosotros? ¿No podemos verlo? El niño pobre de Syracuse hoy ayuda a los pobres del mundo, y disfruta cada minuto de su trabajo.[1]

o o o

La Universidad de la Unión en Jackson, Tennessee, requiere que todos los estudiantes de primer año evalúen sus puntos fuertes. Ellos hacen lo que este libro le insta a usted a hacer: ensartar las perlas de sus éxitos y celebraciones y lucir el collar.

La pregunta «¿Cuál es su punto más fuerte?» deja a muchos jóvenes tartamudeando e indecisos. Lori Neal, de 19 años, fue una de ellos. Necesitaba una dirección en su vida. *¿Iré a la escuela de medicina? ¿O quizás estudiaré administración de negocios?* Ella era más conocida por los deportes, en el bachillerato había jugado tres diferentes y ganado una beca universitaria por sus cualidades para el softbol. Ella suponía que su HISTORIA revelaría puntos fuertes del deporte. Pero le esperaba una sorpresa. Eche un vistazo a su evaluación y verá.

Una de sus historias describía una alberca en miniatura para muñecas, que había excavado en el patio de su casa. Forrada con papel de estaño y llenada con una cascada (por medio de una manguera), era «mejor que las de verdad que uno compra en las tiendas».

Otro de sus ensayos recordaba un proyecto de decoración interior en el bachillerato: *Dibuje el plano de una casa y decore su interior.* La tarea consumió sus pensamientos durante tres días y la mayor parte de las noches. Ella buscó en revistas, escogió colores y muebles. «Nunca sentí que estuviera trabajando», escribió. «Disfruté mucho haciéndolo».

Un grato recuerdo comenzó como un antídoto al aburrimiento estival. Compró lo necesario para decorar una torta, uno de esos libros de «Cómo hacer...», y puso manos a la obra. Así, no solo se entretenía, sino que ganaba algún dinero.

Excavar una alberca. Diseñar una casa. Decorar una torta.

¿Dónde estaban los momentos deportivos?, se preguntaba. No había mención de jonrones (había pegado muchos) o batazos de victoria (había decidido algunos juegos al bate). La capacidad atlética había cedido su lugar a la creatividad.

Lori puso el examen a prueba. En el segundo año dejó la química y las clases de administración de negocios y se inscribió para tomar dos cursos de arte. Esta asignatura le maravilló. La clase de historia del arte que hacía cerrar los párpados de sus amigos conseguía abrir los de ella de par en par. En la prueba final el profesor le preguntó: «¿Qué has aprendido de la historia del arte?» Lori escribió su respuesta en letras mayúsculas: ¡YO SOY UNA ARTISTA!

Se zambulló en el currículo de arte de la universidad. La cerámica era lo que más le aceleraba el pulso. En más de una ocasión levantó los ojos de su proyecto y se dio cuenta de que el estudio estaba vacío y el reloj marcaba las 4:00 a.m. En la venta de cerámicas auspiciada por la escuela, todas sus piezas se vendieron. «Puedo ganarme la vida con esto», comprendió.

En tres años la novata jugadora de softbol ya era una definida y reconocida estudiante. Publicaba sus escritos en el prestigioso mensuario *Ceramics Monthly*, y la escuela de cerámica más importante del mundo, Alfred University, la invitó a estudiar en ese recinto.

> No se vea a sí mismo como un producto del ADN de sus padres, sino como resultado de una novedosa idea del cielo.

Para saber de Lori, llamé a Italia, donde ella continúa sus estudios de postgrado. Una sola pregunta: «Cuéntame sobre tu interés en el arte», dio luz a una respuesta de 45 minutos que bullía con comentarios como:

«Mi trabajo me apasiona».

«Adoro lo que hago».

«Podría pasarme la vida haciendo esto».

«Dios me regaló mi talento. Mi regalo para él es usar ese talento para su gloria».

«Pero, ¿cómo?» le pregunté. «¿Cómo puede tu carrera en el arte poner primero a Dios?»

Me dio dos respuestas. «En el mundo del arte hay pocos seguidores de Jesús. Cuando me esfuerzo al máximo, ellos no me ven a mí, sino a mi Señor».

La segunda respuesta derretiría el corazón más frío. Ella me describió la sensación que había sentido un verano cuando trabajó en un centro de rehabilitación. Entre tantas tareas que le desagradaban había una que sí le gustó: hacer dibujos sobre globos para dárselos a los niños minusválidos. «Cuando lo que hacen mis manos hace sonreír a una niña, es porque he puesto en ello mi corazón».[2] Usar la obra de nuestras manos para hacer sonreír a la gente no es un mal punto óptimo.

También Dios sonríe. Cuando nuestros dones vierten luz sobre Él y ayudan a sus hijos, ¿no cree usted que sonreirá? Pasemos nuestras vidas haciéndole sentir orgulloso de nosotros.

Para lograrlo, *utilice su singularidad.* Usted salió del vientre de su madre por un llamado. No se vea como el producto del ADN de sus padres, sino como una idea nueva del cielo.

Ponga a Dios primero. ¡Conviértase en la persona que es por Él! ¿Acaso no le ha rescatado de una vida sórdida y destinada a la muerte para hacerle protagonista de una intensa aventura destinada al cielo? Recuerde. «Sois linaje escogido... por Dios, para que anunciéis las virtudes de aquel que os llamó de las tinieblas a su luz admirable» (1 Pedro 2.9). Y hágalo *todos los días de su vida.*

¿Una vida común? En el cielo no se conoce tal frase.

¿Una vida común? En el cielo no se conoce tal frase. Con Dios, cada día cuenta, y cuenta cada persona.

Eso le incluye a usted.

Usted hace algo que nadie más sabe hacer, en una forma que nadie más sabe. Y cuando su singularidad se encuentra con el propósito de Dios, Él y usted van a regocijarse juntos... para siempre.

Guía para descubrir su lugar

por

People Management Inc.

y

Steve Halliday

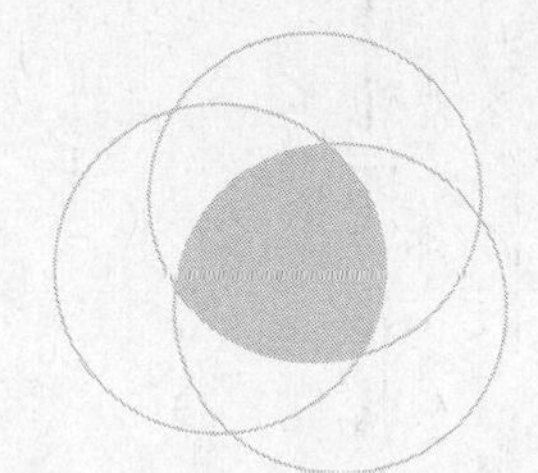

CURA PARA LA VIDA COMÚN

Usted nació preempacado ¡con un propósito! Mucho antes de que naciera, Dios le equipó con herramientas especiales y únicas para que realizara su propósito y cumpliera su plan. Descubrir lo que Él le dio, es el primer paso hacia la cura para la vida común.

Esta guía de descubrimiento le ayudará a hacerlo. Consta de dos secciones. Mis buenos amigos de People Management Inc. han desarrollado la primera parte de esta guía, y le he pedido al especialista en currículos Steve Halliday que se encargara de la segunda parte.

La primera sección está diseñada para uso personal. Le alienta a reflexionar y extenderse acerca de sus éxitos personales a fin de explorar la historia (S.T.O.R.Y.) específica que Dios ha escrito en el libro de su vida.

Tenga presente que esta primera sección es una exploración *inicial*, diseñada para ayudarle a considerar e identificar su singularidad y sus dones. Para encontrar su punto óptimo y disfrutar de él, usted tendrá que explorar exhaustivamente su HISTORIA. Así que no lo olvide, la siguiente herramienta es apenas el comienzo; si desea profundizar más, hay otras guías y recursos disponibles para usted.

Cuando lleguemos a ella le describiremos la segunda parte de la guía de estudios. Pero por ahora, ¿qué tal si nos zambullimos en la primera?

Primera parte

El primer paso hacia el descubrimiento de su lugar

Es hora que empiece a buscar su punto óptimo—, en el cual *lo que* usted hace (sus dones singulares) se intersecta con el *por qué* lo hace (para hacer de Dios algo importante en su vida) y *dónde* lo hace (todos los días de su vida). ¿Cómo descubre usted lo que Dios puso en su maleta?

Es muy sencillo: identifique las cosas que más le gusta hacer y que además hace bien. Considérelas como experiencias en su punto óptimo. Piense en esas ocasiones en que se sintió con energía plena, sin que el paso del tiempo le preocupara. Esos momentos en los que ha pensado. *¡Para esto fui **hecho**!* Momentos en los que ha sentido una corriente de realización. Usted, a su nivel máximo. Estas experiencias fundamentales revelan su singularidad y le ayudan a identificar su lugar.

Para develar sus secretos, lo único que tiene que hacer es leer su vida al revés.

El proceso: Recuerde sus experiencias en el punto óptimo

Emprenda un viaje por los senderos de la memoria. Medite sobre su vida entera, comenzando por su infancia. Trate de recordar aquellos momentos en que usted...

Hizo algo bien (éxito).

Y se sintió a gusto haciéndolo (satisfacción).

Recuerde, encontrará su punto óptimo en la intersección del éxito y la satisfacción. Estas experiencias en el punto óptimo no son meramente momentos agradables («Me encanta escuchar buena música»); en lugar de ello, son ocasiones en las que usted hizo bien algo que le reportó una sensación de realización («Coleccioné y clasifiqué todos los discos de acetato y los compactos que grabó Ray Charles»). Cualquier cosa que le haya causado una sensación de agrado y realización es importante, por trivial que pueda parecer.

Asimismo, tenga presente que esos momentos deben ser importantes para *usted.* Lo que piensen de ello familiares y amigos ahora no importa.

Las experiencias en el punto óptimo pueden ocurrir en períodos de diez minutos o de un día, una semana, un verano, un año, varios años, o aun más largos. Usted puede cosechar experiencias en el punto óptimo en cualquier área de su vida: fuera de la escuela, dentro de ella, en su trabajo, en sus momentos de ocio, en momentos familiares; en cualquier segmento de la vida.

People Management Inc. ha utilizado el proceso siguiente durante los últimos 45 años para identificar los dones singulares de miles de hombres y mujeres en todo el mundo, en las iglesias, la industria, y la educación. Si bien esta herramienta sólo le servirá para iniciarse en el camino hacia el descubrimiento de su punto óptimo, puede estar seguro de que Dios la usará para revelarle buena parte de su personalidad, como ya lo ha hecho con un sinnúmero de personas.

Antes de que empiece a identificar sus experiencias en el punto óptimo, considere unos cuantos ejemplos de las que otros han identificado en sus vidas.

Experiencias juveniles en el punto óptimo

- Me presenté a actuar en la obra de teatro del bachillerato, recibí un papel y superé mi miedo escénico.
- En tercer grado dibujé un «auto espacial», y todos querían saber cómo lo hice.
- Convertí mi estereo en una radioemisora y transmití para los chicos del barrio.
- Armé un estéreo por piezas.
- Me levanté a defender a un condiscípulo lento a quien estaban ridiculizando.
- Inventé mi propio juego de computadora.
- Busqué información sobre cocina mexicana y preparé una cena de cuatro platos.
- Ayudé a construir una casa de tres plantas en las ramas de un árbol.
- Aprendí sin ayuda a usar los colores de la acuarela.
- Le arrebaté el balón a un delantero a 10 metros de la portería.
- Me hice amigo de una muchacha rusa que no hablaba español.
- Vendí chocolates de la escuela a 150 clientes.
- Mi hermana y yo imitábamos a todas las grandes estrellas.
- Corrí con los gastos de toda mi familia durante dos años.
- Me hice un vestido que lucía exactamente como el de la vidriera de la tienda.

Experiencias de adulto en el punto óptimo

- Enseñé a nadar a un joven ciego.
- Hice una cortina para el comedor con hojas de parra, tela, luces intermitentes y frutas.
- Organicé por tamaño y tipo los bloques del juego de construcción de mis hijos para que puedan encontrarlos mejor.
- Tardé dos veranos en levantar en mi patio un muro con 70 toneladas de peñascos.
- Encontré mi apartamento y lo amueblé por menos de 500 dólares.
- Gané una disputa larga y difícil contra un gran concesionario de automóviles.
- Diseñé y edité un nuevo boletín de modas.
- Ayudé a mi hija a superar una enfermedad debilitante.
- Dirigí en la iglesia un programa que recaudó más de $10.000 con fines caritativos.
- Resolví un problema de relaciones laborales.
- Sembré una primavera más de 100 plantas.
- Diseñé y construí una cabaña, y puse la mayor parte de la mano de obra.
- Afiné un piano con ayuda de un contador electrónico de frecuencias.
- Comandé con éxito una pequeña unidad militar en numerosas misiones en Vietnam.
- Aunque el trabajo se duplicó, me mantuve dentro del presupuesto operativo de 32 dólares.

Observe, por favor, que *todos* estos ejemplos son:

- Hechos específicos, no actividades generales;
- Logros específicos, no hitos significativos (como casarse o divorciarse);
- Actos específicos («Yo era bueno jugando Monopolio»), no generalidades («Me encantaba practicar deportes»).

Resumiendo en un renglón sus experiencias en el punto óptimo

Ahora comience por los primeros años de su infancia y trate de recordar algo que le haya gustado hacer y que crea que hizo bien. Continúe a través de los años, resumiendo en un renglón cada una de esas experiencias. ¿Qué le causó verdadero placer?

Diviértase, y comprenda que sus experiencias en el punto óptimo, por pequeñas e insignificantes que parezcan, en realidad le hacen comprender para qué le creó Dios. ¡No sea tímido ni modesto! Recuerde que se trata del plan de Dios, así que «someta a prueba su propia obra» (Gálatas 6.4).

Infancia

____

____

____

____

____

Juventud

Adultez

Nuestro próximo paso será abundar en detalles sobre estas historias, pero antes de hacer eso, veamos cómo han ampliado otros sus propias experiencias en el punto óptimo.

Resumen del Ejemplo # 1:

Jugar béisbol en el barrio. (Algunas veces serví de organizador.)

Detalles sobre cómo lo hice:

A veces jugaba béisbol en la escuela y otras participaba en partidos en el barrio. Sin embargo, un verano me pregunté:

«¿Por qué no tener un equipo de primera?» Así que me fui a ver a algunos chicos que sabía que jugaban bien y les propuse participar. Escogí el nombre («Halcones Negros») y me nombré co-capitán del equipo con otro amigo (tuve que compartir el puesto para que aceptara jugar), pero me reservé asignar la mayoría de las posiciones. Al principio también coordinaba la mayoría de los partidos. Los decidía unos cuantos días antes, hacía algunas llamadas y esperaba que me llamaran, nunca me esforcé por confeccionar un verdadero calendario.

¿Qué le causó la mayor satisfacción?

La oportunidad de ganar.

Resumen del Ejemplo # 2:

Le serví de tutor a un joven que no pasó el examen de ingreso a la carrera de Matemáticas en la Universidad, y luego lo vi graduarse de matemático con honores.

Detalles sobre cómo lo hice:

Creo que todo empezó cuando le vi un jueves a la entrada del salón de conferencias; parecía un tanto abatido, y le pregunté: «¿Qué te pasa?» Al principio me dijo: «Nada», pero cuando se dio cuenta de que sinceramente quería saberlo, me dijo que no había aprobado el examen de ingreso a Matemáticas y que corría peligro de no poder matricularse. Le pregunté si me dejaba colaborar con él, y así fue que empezamos, ayudándole a comprender los fundamentos de las matemáticas. Esto le introdujo a un mundo totalmente nuevo para él. Acostumbraba a exigirle que me explicara cómo había llegado a sus respuestas. Y procuraba estar siempre disponible para él.

¿Qué le causó la mayor satisfacción?

Sólo pensar que había ayudado a alguien a entender y hacer algo que le gustaba... Uno siente que ha hecho algo que puede ayudar verdaderamente a otra persona.

Resumen del Ejemplo # 3:

Establecer una carpeta de asuntos pendientes diarios para mi patrón.

Detalles sobre cómo lo hice:

Creé una serie de cartas de seguimiento, —algunas eran formularios, otras eran dictadas por mi jefe, y otras las manejaba yo misma. Me gustaba tomar dictado, y que luego él me dejara sola para trabajar en el «producto» final. Esto incluía una gran variedad de tareas: secretaría, envíos por correo, conciliación de las nóminas de pago, así como preparar las hojas de cálculo del departamento. Disfrutaba trabajar con cifras y detalles y me sentía motivada para ir al trabajo, sabiendo lo que tendría que hacer, y haciéndolo. La carpeta de asuntos pendientes fue una idea mía. Era un buen método de seguimiento que me permitía verificar y asegurarme de que todo se hiciera y no se perdiera en el embrollo.

¿Qué le causó la mayor satisfacción?

El poder manejar todos los aspectos del trabajo.

Es su turno

Ahora empiece a escribir *su* HISTORIA (S.T.O.R.Y.) tal como contaría a un amigo algo que hizo. Escoja de cuatro a seis resúmenes en un renglón de sus experiencias en el punto óptimo que considere significativas. Abunde sobre ellas describiendo los detalles de sus actos: todo lo que recuerde haber hecho que le haya ayudado a cumplir su objetivo. Concéntrese en lo que usted sabe hacer bien. No generalice; sea específico. Utilice ejemplos o ilustraciones de lo que hizo. Imagine que se encuentra de nuevo en la misma escena o situación, observándose mientras realizaba las tareas. Describa generosamente lo que ocurrió, pero ajústese a los actos *específicos*. Comience por su infancia o su adolescencia y continúe de ahí en adelante.

Resumen:

____

____

____

____

____

Detalles sobre cómo lo hizo:

____

____

____

____

____

¿Qué le causó la mayor satisfacción?

<u>Resumen:</u>

Detalles sobre cómo lo hizo:

¿Qué le causó la mayor satisfacción?

Resumen:

____

____

____

____

____

____

Detalles sobre cómo lo hizo:

____

____

____

____

____

____

¿Qué le causó la mayor satisfacción?

____

____

____

____

____

____

Resumen:
Detalles sobre cómo lo hizo:
¿Qué le causó la mayor satisfacción?

Resumen:

Detalles sobre cómo lo hizo:

¿Qué le causó la mayor satisfacción?

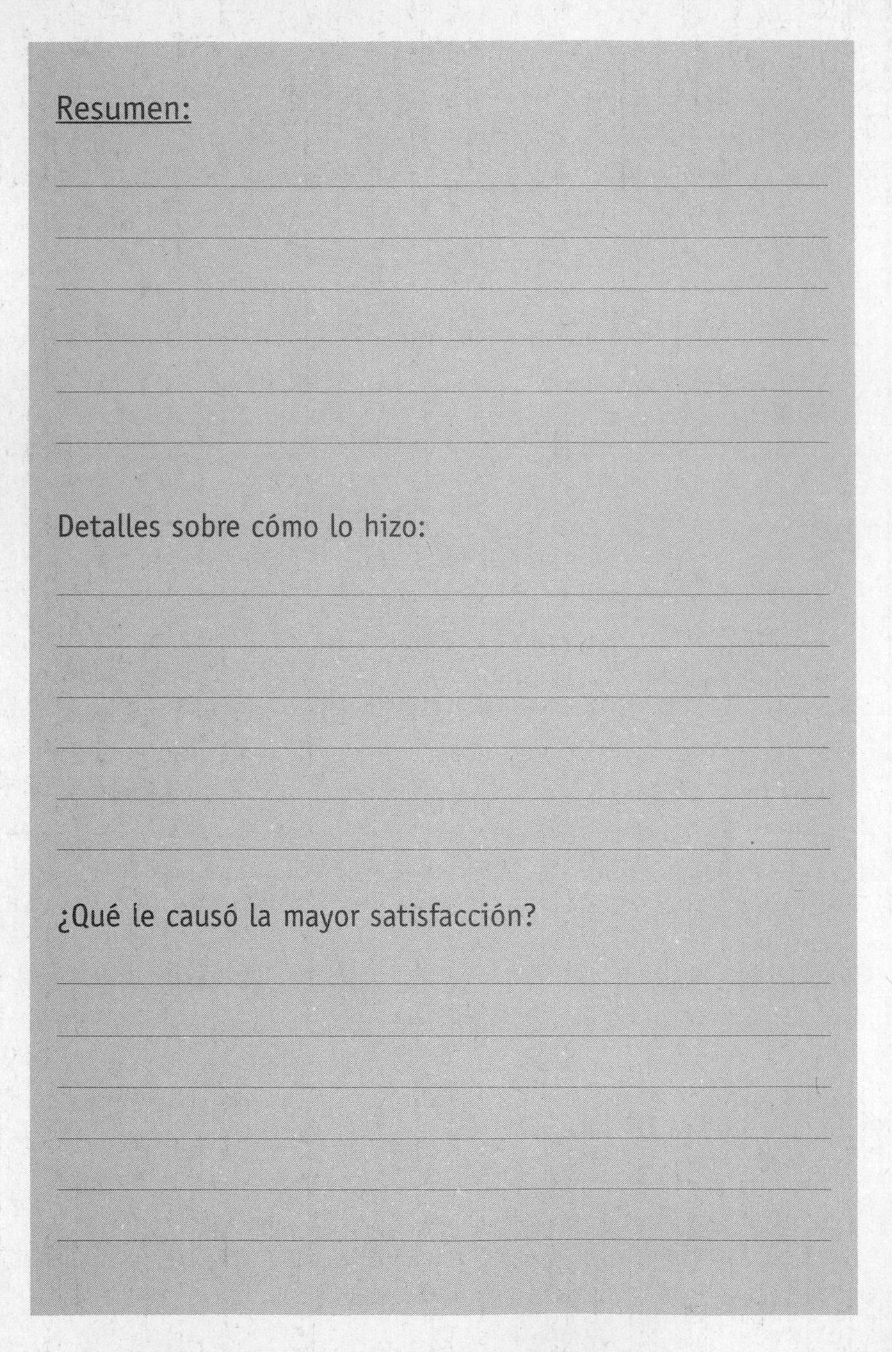
Resumen:
Detalles sobre cómo lo hizo:
¿Qué le causó la mayor satisfacción?

Identifique los temas recurrentes de su vida

Siempre que usted se siente a gusto haciendo algo y cree que lo hace bien, está empleando algunos de los elementos de sus dones, o todos. Al leer su vida al revés, evocando sus experiencias en el punto óptimo, puede empezar a distinguir temas recurrentes, como los siguientes:

- Cómo aprende o practica usted una habilidad;
- Cómo evalúa si debe gastar dinero en algo;
- Cómo decide correr un riesgo;
- Cómo se fija una meta o desarrolla una estrategia;
- Cómo mezcla los ingredientes de manera exacta o casual.

Podrá encontrar temas recurrentes en la forma en que siempre parece estar arreglando problemas mecánicos; cómo tiende a involucrarse con otras personas, en grupo o a nivel individual; qué inclinación siente por las palabras, los relatos o los idiomas extranjeros; como invierte una gran parte de su tiempo coleccionando estampillas, o monedas, o tarjetas de béisbol; cómo se preocupaba por todos los detalles del baile de graduación, la boda, o la conferencia; cuánto disfruta hacer ejercicios, montar bicicleta, levantar paredes o casas en los árboles, practicar el tiro al blanco, o participar en carreras de maratón.

Supongo que captó la idea.

Hágase a sí mismo algunas preguntas. ¿Le piden siempre ayuda los demás o le invitan a participar? ¿Tiene el cuidado de organizar todo lo que hace? ¿Le parece estar siempre en un escenario o recibiendo algún tipo de reconocimiento? ¿Es usted un competidor constante, que lleva la cuenta de sus anotaciones? ¿Le gusta trabajar en grupo o equipo, o prefiere desempeñarse como un individualista? ¿Disfruta cuando está en el centro de todo y coordinando a los demás? ¿Empezó usted a ser líder de sus amigos a los seis años y nunca desde entonces ha dejado de hacerlo?

Tales temas recurrentes le indican dónde podría encontrarse su punto óptimo.

Veamos ahora si podemos identificar los temas en los siguientes ejemplos narrativos de Marie, quien está empezando a descubrir su lugar. Ella está consciente de que su trabajo actual no aprovecha su singularidad, así que desea estudiar más detenidamente cómo la diseñó Dios. Tratemos de encontrar en sus experiencias en el punto óptimo los temas que revelan sus dones. Destaque con un marcador, o encierre en un círculo, lo que considere recurrente en estas historias y escríbalo después que termine la última.

Resumen en un renglón de la experiencia infantil:

Dirigí la patrulla de cruce de calles en la escuela primaria.

Detalles sobre cómo lo hizo:

Tenía la responsabilidad de asegurar que el horario estuviera bien organizado y de que todas las estaciones estuvieran cubiertas para los chicos antes y después de la escuela. Saqué a algunos de los menos confiables y los reemplacé con otros que recluté para que ayudaran. Durante nuestras horas de labor, hacía un recorrido para asegurarme de que todo marchaba bien y ayudaba u orientaba a los niños cuando era necesario.

¿Qué le causó la mayor satisfacción?

Nunca tuvimos un accidente, y la patrulla de seguridad funcionaba óptimamente.

Resumen en un renglón de la experiencia universitaria:

Ayudé a hacer más llevadera la vida en los dormitorios a los de primero y segundo año.

Detalles sobre cómo lo hizo:

Inicié reuniones de grupo en nuestros dormitorios para determinar las necesidades de los estudiantes. Designé capitanes de dormitorio para cada uno de los cuatro pisos y organicé grupos para atender las diversas necesidades de los de más reciente ingreso. Enfrentarse a la vida universitaria y orientarse era difícil para ellos, así que coordiné con dos de los capitanes para que les ofrecieran orientación dentro del campus. A los otros dos les puse a cargo de organizar la reunión mensual de todos los dormitorios. Yo supervisaba todas las actividades de estos y sostenía reuniones semanales con los cuatro capitanes para ayudarles y velar por que cumplieran con lo dispuesto. Si la necesidad se presentaba, asignaba tareas especiales.

¿Qué le causó la mayor satisfacción?

Pudimos mejorar la experiencia que habían tenido en los dormitorios los estudiantes durante su primer año en la Universidad.

Resumen en un renglón de la experiencia como adulto:

Dirigí la asociación de vecinos durante dos años.

Detalles sobre cómo lo hizo:

Después de que salí electa, fui tocando puerta por puerta las casas de los vecinos a los que no conocía bien, para presentarme. Evaluaba a cada persona preguntándole, para pulsar su disposición a trabajar en proyectos especiales en el área. El parque de nuestro barrio estaba un poco abandonado, así que llamé a seis personas que querían involucrarse y les pedí que integraran un equipo de mejoramiento del parque. Escogí un día y una hora y llegué con una lista de cosas por hacer, asignando a cada persona el trabajo que más disfrutaría hacer. Yo también escogí uno (arreglar los muebles de la glorieta), mientras respondía preguntas y ayudaba a la gente a realizar sus tareas. Más tarde organicé una fiesta en el parque, ¡y todos estuvieron encantados con nuestro trabajo!

¿Qué le causó la mayor satisfacción?

El parque se veía muy bien —más limpio y agradable— y me gustó ver cómo la gente podía relacionarse mejor que antes.

Al intentar identificar algunos de los temas revelados en las experiencias de Marie en el punto óptimo, comience por examinar su impresión o imagen general sobre ella. Fíjese cómo responde ella a diversas situaciones cuando la necesidad se presenta (subraye esas palabras y frases). Observe cómo siempre está organizando y coordinando (subraye esos temas). Note cómo se concentra en la logística y en las personas (subráyelo). Por último, fíjese qué le causa la mayor satisfacción: ¡Ella siempre está haciendo mejoras en distintas situaciones!

Si bien es necesario identificar los temas recurrentes, necesitamos profundizar un poco más que eso. Los elementos que se reiteran en los éxitos de un individuo tienden a caer en una de las siguientes cinco categorías identificadas por el acrónimo en inglés S.T.O.R.Y.

S = Puntos fuertes: cómo consigue usted hacer las cosas utilizando sus dones singulares. Los verbos que usted emplea para describir sus actividades revelan esos puntos fuertes.

T = Temas: en qué quiere usted trabajar. Se sentirá absorbido por completo cuando esté dedicado a ello, sea lo que sea, persona, grupo, automóvil, concepto, comida, música, tela, muebles, o cualquier otro aspecto de la creación divina. Los sustantivos que usted usa revelan estos temas.

O = Condiciones óptimas: las condiciones de nuestro entorno que nos facilitan las cosas. Por ejemplo, algunos trabajan mejor bajo presión; otros necesitan retos; a algunos les gusta la estructura; hay quienes demandan un público. Lo que le motiva, le permite arrancar, mantiene su impulso, defiende sus tareas, y provee el escenario a fin de que se sienta altamente motivado para cumplir la tarea de manera eficaz, es parte de sus condiciones óptimas.

R = Relaciones: qué tipo de papel y de relación con los demás procura usted en su tarea.

Y = ¡Sí, lo logré! Usted prorrumpirá en esta afirmación jubilosa cuando cumpla el propósito para el cual fue diseñado. ¡En ese momento su experiencia en el punto óptimo tendrá un sabor aun mejor!

Antes de que intente identificar su combinación particular de dones, veamos un ejemplo de cómo funciona. Los siguientes tres relatos son de Marie. Vamos a analizarlos ahora a través del marco que hemos denominado S.T.O.R.Y. Fíjese que en los relatos los verbos (sus puntos fuertes), están subrayados y los sustantivos (sus temas), dentro de una cajuela. Reuniremos todos los componentes del S.T.O.R.Y. de Marie en un «Gráfico Story», en la página 178. Este gráfico le brindará a usted un marco para identificar en sus relatos su propia combinación de dones.

Resumen en un renglón de la experiencia infantil:

Dirigí la patrulla de cruce de calles en la escuela primaria.

Detalles sobre cómo lo hizo:

Tenía la responsabilidad de asegurar que el horario estuviera organizado y de que todas las estaciones estuvieran cubiertas para los chicos antes y después de la escuela. Saqué a algunos de los niños menos confiables y los reemplacé con otros que enlisté para que ayudaran. Durante nuestras horas de labor, recorría las estaciones para asegurarme de que todo marchaba bien y ayudaba u orientaba a los chicos cuando era necesario.

¿Qué le causó la mayor satisfacción?

Nunca tuvimos un accidente, y la patrulla de seguridad funcionaba óptimamente.

Resumen en un renglón de la experiencia universitaria:

Ayudé a hacer más llevadera la vida en los dormitorios a los de primero y segundo año.

Detalles sobre cómo lo hizo:

Inicié reuniones en nuestros dormitorios para determinar las necesidades de los estudiantes. Designé capitanes de dormitorio para cada uno de los cuatro pisos y organicé grupos para atender las diversas necesidades de los de más reciente ingreso. Enfrentarse a la vida universitaria y orientarse era difícil para ellos, así que coordiné con dos de los capitanes para que les ofrecieran orientación dentro del campus. A los otros dos les puse a cargo de organizar la reunión mensual de todos los dormitorios. Yo supervisaba todas las actividades de los dormitorios y sostenía reuniones semanales con los cuatro capitanes para ayudarles y velar que cumplieran con lo dispuesto. Si la necesidad se presentaba, asignaba tareas especiales.

¿Qué le causó la mayor satisfacción?

Pudimos mejorar la experiencia que habían tenido en los dormitorios los estudiantes durante su primer año en la universidad.

Resumen en un renglón de la experiencia como adulto:

Dirigí la asociación de vecinos durante dos años.

Detalles sobre cómo lo hizo:

Después de que salí electa, fui tocando puerta por puerta en las casas de los vecinos a los que no conocía bien para presentarme. Evaluaba a cada persona preguntándole para pulsar su disposición a trabajar en proyectos especiales en el área. El parque de nuestro barrio estaba un poco abandonado, así que llamé a seis personas que querían involucrarse y les pedí que integraran un equipo de mejoramiento del parque. Escogí un día y una hora y llegué con una lista de cosas por hacer asignando a cada persona el trabajo que más le gustaría hacer. Yo también escogí uno (arreglar los muebles de la glorieta), mientras respondía preguntas y ayudaba a la gente a realizar sus tareas. Más tarde organicé una fiesta en el parque, ¡y todos estuvieron encantados con nuestro trabajo!

¿Qué le causó la mayor satisfacción?

El parque se veía muy bien —más limpio y agradable— y me gustó ver cómo la gente podía relacionarse mejor que antes.

En este gráfico fue donde Marie identificó los elementos y declaraciones recurrentes S.T.O.R.Y. más importantes de sus experiencias en el punto óptimo. Repasando todos sus relatos, pudo llenar el gráfico con sus Puntos fuertes, Temas, Condiciones óptimas, Relaciones, y sus ¡Sí, lo logré! ¡Y está empezando a hacer descubrimientos!

S (Puntos Fuertes): (Relacione los verbos y acciones subrayados en sus relatos.)	inicié; determinar; designé; organicé; coordiné; a los otros dos los puse a cargo; supervisaba; ayudarles y velar que cumplieran lo dispuesto; asignaba; asegurarme; saqué; reemplacé; recluté; recorría; asegurar; ayudaba; orientaba; presentarme; evaluaba; preguntándoles; llamé; escogí; llegué con; di respuestas.

T (Temas): (Relacione los sustantivos y sujetos en cajuelas de sus relatos.)	Reuniones de grupo; necesidades de los estudiantes; capitanes de dormitorio; grupos; todas las actividades; reuniones semanales; personas; tareas especiales; horario; niños; un día y una hora; lista de cosas por hacer; fiesta.
O (Condiciones Óptimas): (Describa qué factores en sus relatos liberan su energía y le mantienen activo.)	Respondía a las necesidades; me gustaban las condiciones que precisaban estructura para mejorar.
R (Relaciones): (Describa en sus palabras qué papel y relaciones con otras personas asumía en sus relatos.)	Ejercía la iniciativa; coordinaba y supervisaba a otros.
Y ¡Sí, lo logré! (Describalos temas que identifique en sus respuestas a «¿Qué le causó la mayor satisfacción?»)	¡Logré mejorar las cosas! ¡Mejoré la situación!

Una las piezas del rompecabezas

Le será fácil ver cómo todas las piezas trabajan conjuntamente en la vida de una persona si las junta en una fórmula que las vincule con el componente ¡Sí, lo logré! (aquello que fue creado para lograr). Fíjese el ejemplo de Marie, cuyas experiencias en el punto óptimo acaba usted de considerar. El siguiente párrafo muestra cómo todas las piezas en su S.T.O.R.Y. funcionan conjuntamente para ayudarle a alcanzar su ¡Sí, lo logré! En unas cuantas páginas le daremos oportunidad de hacerlo personalmente.

El S.T.O.R.Y. de Marie

Los temas de mi S.T.O.R.Y. muestran que Dios me ha configurado de forma tal que amo (**S**) iniciar cambios, organizar personas, supervisar lo que está ocurriendo, asignar tareas, reclutar y orientar a otros. Me gusta particularmente hacer esto con (**T**) horarios, listas de cosas por hacer, reuniones, y personas en grupos o comunidades. Trabajo mejor en condiciones que (**O**) necesitan cambios, estructura, y orden, y rindo más cuando me encuentro en el papel de (**R**) un coordinador que inicia cambios y supervisa a otros. Todos estos elementos de mi S.T.O.R.Y. fusionan conjuntamente de modo que yo pueda (**Y**) mejorar las cosas y afectar las vidas de otros.

¡Esto obra una diferencia!

Recuerde los relatos que Marie nos ha contado. Ella se sentía más satisfecha y contenta cuando estaba dirigiendo la guardia del cruce de calles, coordinando a los capitanes de dormitorio, y organizando la asociación de vecinos. Sin embargo, como muchas personas, Marie encuentra que su vida se ha vuelto cada vez más insatisfactoria. Trabaja sola en la oficina trasera de una compañía pequeña, ingresando al sistema de computadoras datos del inventario. Todos los días se parecen. ¿Cuál es la cura para esta vida común? En primer lugar ella necesita desempacar sus maletas y exponer las herramientas que Dios le ha dado. Al leer su vida al revés, podrá ver cómo la configuró Dios. Esto le ayuda a comprender su frustración. ¡En su papel actual no está aprovechando sus dones ni su singularidad!

Ella comprende que se siente más contenta cuando puede supervisar a los demás en un equipo e introducir cambios y mejoras. No es de extrañar que odie su trabajo. Conocer su patrón de comportamiento le ayuda a comprender que lo mejor que tiene (para darle a Dios) es desempeñar un papel mediante el cual pueda dirigir a otros hacia el cambio. En su ocupación actual trabaja sola y hace lo mismo día tras día. Dios la creó para que fuera un agente de cambio de las personas y grupos. Esto es parte del propósito especial que Él tenía para ella en este mundo. Ahora ella puede ser más deliberada al analizar sus opciones para su próximo papel.

Gráfico S.T.O.R.Y.

En este gráfico usted podrá asentar los elementos recurrentes y declaraciones más importantes de sus relatos, tal como Marie lo hizo.

S (Puntos Fuertes): (Relacione los verbos y acciones subrayados en sus relatos.)	
T (Temas): (Relacione los sustantivos y sujetos en cajuelas de sus relatos.)	
O (Condiciones óptimas): (Describa qué factores en sus relatos liberan su energía y le mantienen activo.)	

R (Relaciones): (Describa en sus palabras qué papel y relaciones con otras personas asumía en sus relatos.)	
Y ¡Sí, lo logré! (Descríba los temas que identifique en sus respuestas a «¿Qué le causó la mayor satisfacción?»)	

Confeccione su S.T.O.R.Y.

Para cristalizar lo que ha aprendido acerca de su combinación única de dones utilice lo siguiente:

Los temas de mi S.T.O.R.Y. muestran que Dios me ha compuesto en forma tal que amo (inserte sus puntos fuertes **[S]**.

____

____

Me gusta particularmente hacerlo con (inserte sus temas **[T]**.

____

____

Trabajo mejor en condiciones óptimas que incluyan (inserte sus Condiciones óptimas **[O]**.

____

____

Rindo más cuando estoy en el papel de (inserte sus Relaciones **[R]**.

____

____

Todos estos temas de mi S.T.O.R.Y. funcionan conjuntamente de modo que yo pueda (inserte sus ¡Sí, lo logré! **[Y]**.

____

____

¡Un feliz descubrimiento!

Piense por un momento en las definiciones anteriores. ¿Está usted empezando a notar un tema recurrente en su S.T.O.R.Y. sobre sus experiencias en el punto óptimo? En este tema usted puede empezar a descubrir el propósito que Dios tiene para su vida. Él le ha creado para que le rinda un servicio gozoso y fructífero. ¡Y su gozo presenta un patrón! Sus temas revelan una singular combinación de dones. Ahora está en el camino que le llevará a descubrir lo que Dios quiere que haga con su vida. ¡Va en la dirección correcta para descubrir su punto óptimo!

Recuerde que Dios le ha diseñado y dotado de una manera singular para que usted pueda realizar el propósito especial que Él concibió para usted. En la medida en que pueda ir entendiendo mejor sus dones, podrá edificar su vida, su trabajo, y su ministerio sobre la piedra angular de la voluntad única de Dios para *usted.*

Pero como aprendió en *Cura para la vida común,* encontrar su lugar demanda algo más que descubrir su combinación única de dones. Ese es un paso clave, pero es sólo el primero. Para encontrar su punto óptimo, usted debe:

Utilizar su singularidad (lo que usted hace)
Hacer de Dios algo muy importante (por qué lo hace)
Todos los días de su vida (dónde lo hace)

Y eso nos lleva a la segunda parte de esta guía de estudios.

Segunda parte

Próximos pasos para encontrar su lugar

Ahora que tiene una idea mucho mejor de su combinación única de dones (lo que usted hace), está listo para comenzar a explorar cómo puede hacer de Dios algo muy importante todos los días de su vida.

Usted puede utilizar esta segunda sección de la guía de estudios individualmente o se puede usar en una discusión colectiva. Funciona mano a mano con las secciones 2 y 3 de *Cura para la vida común* («Hacer de Dios algo muy importante» y «Todos los días de su vida»). Las preguntas de estudio que siguen a continuación se concentran en tres áreas:

- *Revisar el diagnóstico:* preguntas que le ayudan a interactuar con el punto principal de cada capítulo.
- *Reavivar el entusiasmo:* secciones de aplicación para ayudarle a integrar lo que ha descubierto en su S.T.O.R.Y. con el foco central de cada capítulo a fin de infundir pasión y entusiasmo a su vida en la fe.

- Recuerde, los dones que Dios le ha dado le permiten hacer algo de una manera que nadie más puede. Y cuando usted lo encuentre, y lo haga, empezará a vivir en su lugar.

Corra grandes riesgos por Dios

Cura para la vida común: Capítulo 6

Revisar el diagnóstico

1. La forma en que usted se relaciona con el Señor de la casa da color a todo. Desprécielo y odiará su trabajo. Confíe en Él y lo adorará.

   A. ¿Quién es el Señor de *su* casa? Explique.

   B. ¿Ve su trabajo como una tarea del reino de Dios? Si es así, ¿en qué forma?

   C. ¿Cómo confía usted en su Señor a diario? ¿Cómo le demuestra su confianza?

2. El único error verdadero es no arriesgarse a cometer uno. Tal fue el error del siervo a quien su amo encomendó un talento.

   A. ¿Qué tipo de riesgos ha corrido usted por Dios?

   B. ¿Qué le impide correr riesgos por Dios?

   C. ¿Cómo le ha demostrado Dios su fidelidad en los riesgos que ha afrontado por Él?

3. Los dos primeros invirtieron el dinero. El último lo enterró. Los dos primeros subieron a una rama más alta. El tercero se abrazó al tronco. Este cometió el error más común y trágico de quienes han recibido dones. No benefició a su Señor con su talento.

   A. ¿Cómo está invirtiendo sus talentos por el Señor?

   B. ¿En cuáles áreas podría usted estar «enterrando» su talento o «abrazando el tronco»?

   C. ¿Hay algunos talentos que usted no esté usando para beneficio del Señor? Explique.

4. El amo repitió la valoración de su siervo, palabra por palabra, con una sola excepción. ¿Se dio cuenta? «Sabía que eres hombre duro». El amo no repitió una descripción que no estaba dispuesto a aceptar.

   A. ¿Qué lleva a algunas personas a pensar que Dios es un Señor «duro»?

   B. ¿Por qué no aceptó Jesús la descripción de su Padre como «duro»?

   C. Cuando las personas conciben a Dios como un Señor duro, ¿cómo reaccionan normalmente?

5. ¿Quién es este siervo inútil? Tal vez usted, si nunca usa sus dones para la gloria de Dios. Lo es si cree que Dios es un dios duro. Y vivirá una vida de talentos enterrados.

   A. En una escala del 1 al 10, en la que 1 equivale a inútil y 10 a útil, ¿cómo se evaluaría a sí mismo? Explique.

   B. ¿Ha pensado alguna vez que Dios es duro? ¿En qué circunstancias?

C. ¿Cuál de sus dones podría utilizar más plenamente para Dios? ¿Qué pasos podría dar a fin de empezar a «invertir» para Él?

Respetar la receta

1. Lea Mateo 25.14–30.

    A. ¿Con cuál de los tres siervos presentados en esta parábola se identifica más usted? ¿Por qué?

    B. En la parábola, ¿cómo responde el Señor a cada uno de los tres siervos?

    C. ¿Qué principio general esboza Jesús en el versículo 29? ¿Cómo reacciona usted a nivel personal a este principio? Explique.

2. Lea el Salmo 103.8–13.

    A. ¿Cómo describe a Dios el versículo 8? ¿Ha experimentado usted la presencia de Dios en esta forma? Explique.

    B. ¿Cuál es el punto esencial del versículo 12?

    C. ¿Con qué compara el salmista a Dios en el versículo 13? ¿Por qué es importante esto?

3. Lea 2 Corintios 11.24–28 y Filipenses 4.12–13.

    A. ¿Cómo arriesgó el apóstol Pablo su vida por Cristo?

    B. ¿Qué cree usted que le motivó a correr riesgos mortales por Dios? Según la epístola a los Filipenses, ¿cuál era el origen de la fuerza de Pablo?

    C. ¿Cuánto está usted dispuesto a arriesgar por Dios?

Reavivar el entusiasmo

1. ¿Qué punto fuerte (**S**) personal de importancia identificó usted en su S.T.O.R.Y.? Dedique un par de días a orar, preguntando a Dios cómo podría utilizar esa fortaleza para correr un riesgo por Él. Una vez que se haya formado en su mente una idea clara del riesgo que puede correr, no vacile en asumirlo. Luego, busque a algunos amigos cristianos maduros, y discuta con ellos lo que sucedió. ¿Qué lección aprendió? ¿Cómo podría usted aprovechar esta experiencia al correr nuevos riesgos por Dios?

2. Lea la biografía de algún cristiano valeroso que haya corrido regularmente riesgos por Dios, como William Carey, Amy Carmichael, George Muller, o Fannie Crosby. ¿De qué forma podrían sus ejemplos fortalecer su entusiasmo por asumir riesgos para Dios?

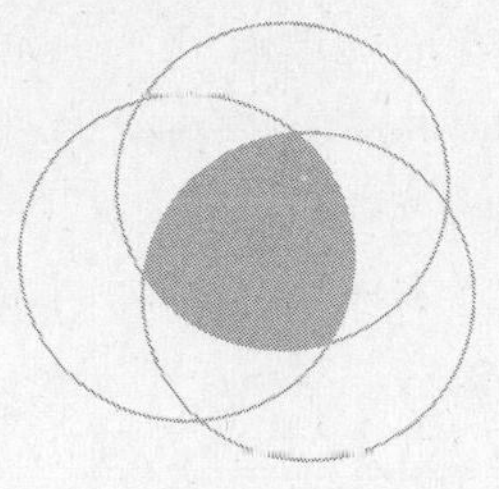

Venga al punto óptimo del universo

Cura para la vida común: Capítulo 7

Revisar el diagnóstico

1. Puede que necesitemos momentos de soledad, pero ¿toda una vida en ella? De ningún modo.

   A. ¿Necesita usted momentos de soledad? ¿Por qué?

   B. ¿Desearía vivir una vida en soledad? Explique.

   C. ¿Por qué cree que Dios nos creó de forma que necesitemos de los demás?

2. *Nadie me conoce. No hay nadie a mi lado. Nadie me necesita.* ¿Cómo enfrenta usted tales reclamos de significación?

   A. En su vida, ¿quiénes le conocen?

   B. En su vida, ¿quién está a su lado?

   C. En su vida, ¿quién le necesita?

3. Durante miles de años, Dios nos hizo escuchar su voz. Antes de Belén, nos daba sus mensajeros, sus maestros, sus palabras. Pero en el pesebre, Dios se dio a sí mismo.

   A. ¿Cuál es para usted la diferencia principal entre un Dios que nos daba su voz y un Dios que se dio a sí mismo?

   B. ¿Por qué es crucial que Dios se entregara por nosotros?

   C. ¿Qué diferencias habría en su vida si Dios no se hubiera entregado?

4. El corazón solitario de Giorgio Angelozzi le impulsó a buscar un hogar. Y lo encontró. Desafortunadamente, su hogar no durará para siempre. Pero el de usted sí.

   A. ¿Dónde espera usted pasar la eternidad? ¿Por qué?

   B. ¿Cómo espera que sea su morada eterna?

   C. ¿Qué les diría a otras personas para explicarles cómo pueden asegurar una morada eterna junto a Dios?

5. ¿Se siente solo? Dios está con usted. ¿Agotado? Él cubrirá la diferencia. ¿Hastiado de una existencia corriente? Su aventura espiritual le está esperando. La cura para la vida común comienza y termina con Dios.

   A. ¿Cómo le ayuda Dios a superar los momentos de soledad?

   B. ¿Cómo le refresca Dios y le da nuevas fuerzas cuando se siente débil?

   C. ¿De qué manera ha introducido Dios una aventura en su vida?

Respetar la receta

1. Lea 1 Pedro 3.18.

   A. ¿Por qué es importante que Cristo muriera por el perdón de los pecados «de una vez por todas»?

   B. ¿Cómo describe a Cristo este versículo? ¿Cómo describe a aquellos por quienes Él murió? ¿Por qué es importante recordar este contraste?

   C. ¿Cómo le afecta a usted personalmente la muerte de Cristo en la cruz?

2. Lea Juan 12.27–32.

   A. ¿Por qué estaba turbada el alma de Jesús? ¿Qué se negó Él a hacer para aliviar su turbación? ¿Por qué (v. 27)?

   B. ¿Qué consiguió Jesús con su muerte, según el versículo 31?

   C. ¿Cuál era el propósito principal de Jesús al morir en el Calvario, según el versículo 32?

3. Lea Romanos 5.6–8.

   A. ¿En qué condición nos encontrábamos todos cuando Cristo murió por nosotros (v. 6)?

   B. ¿Qué habría sido de nosotros si la actitud de Dios hubiera sido como la de las personas comunes (v. 7)?

   C. ¿Qué nos demuestra la muerte de Cristo sobre la actitud de Dios hacia nosotros (v. 8)?

Reavivar el entusiasmo

1. Explique cómo se desarrolló su fe en Cristo. En su viaje espiritual, ¿han desempeñado un papel sus puntos fuertes **(S)**? ¿Qué temas comunes **(T)**, si es que alguno, ha utilizado Dios? ¿Le ha colocado Él en algunas condiciones óptimas **(O)** para que su fe creciera? ¿Cuáles relaciones **(R)** ha empleado Él en su vida? ¿En qué forma le dice usted cada día «Sí, lo logré» **(Y)**?

2. Su testimonio personal arriba manifestado puede ayudarle a compartir con alguien que no tenga una relación en desarrollo con Cristo. Utilice su S.T.O.R.Y. para hablarle con naturalidad a esa persona del Señor.

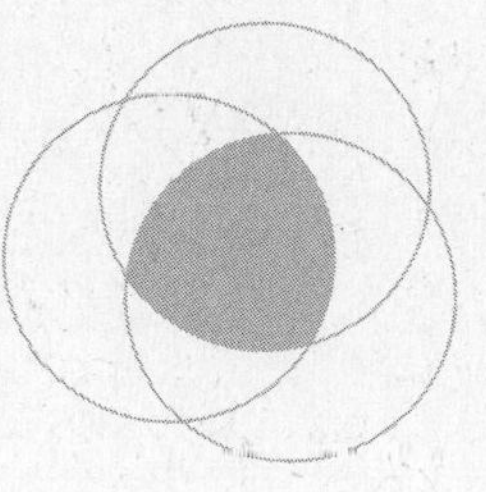

Aplauda a Dios, con energía y con frecuencia

Cura para la vida común: Capítulo 8

Revisar el diagnóstico

1. Ni omnipotente ni impotente, ni elegido de Dios ni error de Dios. Ni seguro de sí mismo ni inseguro, sino seguro en Dios: un valor propio basado en nuestra identidad como hijos de Dios. La visión correcta de sí mismo la encontrará en el punto medio.

   A. ¿Tiende usted a pensar en sí mismo más como omnipotente o como impotente? Explique.

   B. ¿Qué significa estar «seguro en Dios»?

   C. ¿Cómo describiría usted su identidad en cuanto a ser hijo de Dios?

2. La adoración coloca a Dios en el centro del escenario y a nosotros en la postura apropiada.

   A. ¿Cómo describiría usted la adoración?

   B. ¿Cómo coloca la adoración a Dios en el centro del escenario?

   C. ¿Cómo nos coloca la adoración en una postura apropiada? ¿En qué consiste esta postura?

3. La adoración humilla al orgulloso y por la misma razón, inspira al desinflado.

   A. Piense en algún momento de adoración en el cual usted se sintiera humillado. ¿Qué ocurrió?

   B. ¿Cómo inspira la adoración al desinflado?

   C. ¿Qué momentos o canciones de adoración le inspiran cuando se siente desinflado?

4. Cure cualquier ataque de ordinariez poniendo sus ojos en nuestro extraordinario Rey.

   A. ¿De qué manera es extraordinario nuestro Rey?

   B. ¿Cómo pone usted sus ojos en nuestro Rey?

   C. ¿Qué ocurre cuando usted pone sus ojos en nuestro Rey?

5. Adore a Dios. Apláudale fuerte y con frecuencia. Hágalo por su bien, usted lo necesita. Y hágalo por Él, porque Él lo merece.

   A. ¿Cuán importante es la adoración en su vida? ¿Cómo demuestra usted esa importancia?

   B. ¿Qué significa aplaudir a Dios? ¿Cuál es su mejor manera de hacerlo?

   C. ¿Por qué necesita usted de la adoración? ¿Por qué la merece Dios?

Respetar la receta

1. Lea el Salmo 29.1–2.

   A. ¿Qué significa «gloria» para usted? ¿Qué significa dar la Gloria a Dios?

B. ¿Por qué se *debe* dar la gloria a Dios?

C. ¿Cómo describiría usted la santidad de Dios? ¿Qué quiere decir «Dios es santo»?

2. Lea Romanos 12.1.

A. ¿A qué se refiere la expresión «así que» en este versículo? ¿En qué forma ofrece lo que le precede una razón para esta orden?

B. ¿De qué manera presenta usted su cuerpo a Dios en sacrificio vivo?

C. ¿En qué forma puede usted adorar a Dios mediante el uso correcto de su cuerpo?

3. Lea Juan 4.21–24.

A. ¿Es crucial la ubicación geográfica para tener una experiencia genuina de adoración? Explique.

B. ¿De qué forma proviene de los judíos la salvación?

C. ¿Por qué busca Dios adoradores? ¿Qué tipo de adoradores busca?

Reavivar el entusiasmo

1. Piense en la parte de los Temas **(T)** en su S.T.O.R.Y. ¿En qué prefiere personalmente trabajar? Tómese algún tiempo para ingeniar una forma más consciente de adorar a Dios mientras realiza esas labores favoritas. ¿Qué podría hacer que no haya hecho todavía? ¿Qué podría dejar de hacer que le impide adorarle en esa área? La semana entrante decídase a adorar a Dios de manera consciente y gozosa en ese campo. Lleve un pequeño diario de lo que vaya ocurriendo. Luego,

al final de la semana, lea su diario y dé gracias a Dios por lo que le está enseñando y por sus bendiciones.

2. Tome una concordancia y busque la palabra «adorar». ¿En qué formas adoraba a Dios el pueblo de la Biblia? ¿Qué actividades se asocian más a menudo con la adoración? ¿Cómo se corresponde lo que usted encuentra en las Escrituras con su propia experiencia?

Súmese a la familia de los amigos de Dios

Cura para la vida común: Capítulo 9

Revisar el diagnóstico

1. Dios... le ofrece una familia de amigos, y amigos que son una familia: su iglesia.

   A. ¿Qué piensa usted normalmente cuando viene a su mente la palabra «iglesia»?

   B. ¿Por qué definiría Dios a la iglesia como su familia?

   C. ¿Cuán vinculado se encuentra usted con su familia eclesial?

2. Una traducción exacta aunque un poco burda del versículo podría ser «Tened una devoción amistosa y familiar por los demás en una forma familiar y amistosa». Si no pudiera captarnos con el primer adjetivo, Pablo nos captaría con el segundo. Con los dos nos recuerda que la iglesia es la familia de Dios.

   A. ¿Qué características de una familia describirían su relación con su iglesia? Explique.

B. ¿Cómo hace para que otros se sientan bienvenidos a la familia de Dios?

C. ¿Usaría usted la palabra «devoción» para describir su vinculación con la iglesia? Explique.

3. Es extraño que algunas personas gustan de la sombra de la iglesia mientras que rehúsan echar raíces. Dios, sí. Iglesia, no. Les atraen los beneficios, pero se resisten al compromiso.

   A. ¿Por qué resulta negativo intentar divorciar a la iglesia de Dios?

   B. ¿Cuáles son, para usted, los beneficios de la iglesia?

   C. ¿Por qué se resistiría alguien a comprometerse con una iglesia local?

4. Gente rota... cojea sobre una fe fracturada, y si la iglesia opera como tal, encuentran sanidad. Los pastores-maestros imponen sus manos y enseñan. Los portadores del evangelio comparten la buena nueva. Los profetas hablan palabras de verdad. Los visionarios sueñan con un mayor impacto. Algunos administran. Otros oran. Otros lideran. Y otros les siguen. Pero todos ayudan a sanar la fractura.

   A. ¿Cómo ha hallado usted sanidad en la iglesia?

   B. ¿Cómo ha ayudado a sanar a otros?

   C. ¿Dónde diría usted que tiene un lugar en su iglesia? ¿Cómo puede servir mejor a Dios a través de ella?

5. A la familia suya Dios la sana mediante Su familia. En la iglesia empleamos nuestros dones para amarnos unos a otros, honrarnos, mantener a raya a los creadores de problemas, y llevar las cargas del prójimo.

A. ¿Por qué cree que Dios escogería sanar a la familia de usted mediante Su familia?

B. ¿Cómo describiría la opinión de Dios sobre su iglesia?

C. ¿Qué está haciendo en la iglesia para amar activamente a su prójimo?

Respetar la receta

1. Lea Efesios 3.14–19.

A. ¿A qué «familia» se refiere Pablo en los versículos 14–15?

B. ¿Cuáles son los elementos de la oración de Pablo en los versículos 16–19?

C. ¿Hasta qué punto se ha cumplido la oración de Pablo en su vida?

2. Lea Romanos 12.10.

A. ¿Cómo «prefiere» usted a sus hermanos de la iglesia?

B. ¿Cómo honra usted a sus hermanos de la iglesia por encima de sí mismo?

C. ¿Describiría usted su iglesia como un lugar de amor fraternal? Explique.

3. Lea Santiago 5.16.

A. ¿Qué nos ordena este versículo?

B. ¿Cuál es la promesa de este versículo?

C. ¿En qué sentido resulta crucial la iglesia tanto para la orden como para la promesa?

Reavivar el entusiasmo

1. Medite sobre el componente relaciones **(R)** de su S.T.O.R.Y. ¿Cuáles ministerios o grupos de su iglesia se ajustan mejor a la forma en que usted prefiere relacionarse con los demás? Si es usted un artista natural puede que sea el grupo teatral. Si disfruta conociendo gente nueva, quizás sea el comité de crecimiento. Identifique en su iglesia dos o tres grupos o individuos con quienes crea tener una afinidad natural, e indague esta semana sobre su posible participación en alguna nueva oportunidad de servicio. Explore las posibilidades, y luego intente por lo menos una el mes próximo.

2. Dedique un mes a visitar diferentes tipos de grupos y encuentros religiosos. Explore qué es lo que los hace únicos. Pregunte a los asistentes regulares qué les agrada del grupo.

DESHÁGASE DE SU REPUTACIÓN

Cura para la vida común: Capítulo 10

Revisar el diagnóstico

1. Cuando empecé a asistir a la universidad escuché a un profesor que describía a un Cristo que nunca había visto. Un Cristo amante de la gente y vencedor de la muerte. Un Jesús que dedicaba tiempo a los solitarios, a los fracasados... un Jesús que murió por los hipócritas como yo. Así que me alisté. Y le entregué mi corazón tanto como pude.

   A. Describa al Cristo que usted ve habitualmente. ¿Cómo es Él?

   B. ¿Qué quiere decir Max cuando expresa que le entregó su corazón a Jesús, «tanto como pudo»?

   C. ¿Le ha entregado usted su corazón a Jesús? Explique.

2. Uno no puede promover, al mismo tiempo, dos reputaciones. Promueva la de Dios y olvídese de la suya. O promueva la suya y olvídese de la de Dios. Tiene que escoger.

   A. ¿Por qué no es posible promover dos reputaciones al mismo tiempo?

B. ¿Cómo promueve usted la reputación de Dios?

C. ¿Qué le motiva a escoger habitualmente una de estas dos reputaciones y no la otra?

3. José tiro al cesto su reputación. Cambió su título de *tsadiq* por una novia embarazada y un hijo ilegítimo, y tomó la más grande decisión que puede tomar un discípulo. Puso el plan de Dios por delante del suyo. ¿Estaría usted dispuesto a hacer lo mismo?

   A. ¿Cómo le costó a José su reputación al poner el plan de Dios por delante del propio?

   B. ¿Considera que su plan de vida podría contradecirse con el plan de Dios? Explique.

   C. ¿Está usted dispuesto a colocar el plan de Dios por delante del suyo? Diga por qué.

4. Usted puede proteger su reputación o la de Él. La elección es suya.

   A. ¿Cómo solemos proteger nuestra reputación?

   B. ¿Ha tenido que escoger alguna vez entre proteger su reputación o la de Él? Explique lo ocurrido.

   C. ¿Cuál fue el efecto a corto plazo de su decisión? ¿Cuáles, los efectos a largo plazo?

5. Dios anda buscando... a otros José por medio de los cuales pueda presentar a Cristo al mundo.

   A. ¿Qué cualidades hacían de José un buen candidato para servir como padre adoptivo de Jesús?

B. ¿Posee usted alguna de estas cualidades? Explique.

C. ¿Cómo podría Dios desear «presentarle a Jesús al mundo» por mediación suya?

Respetar la receta

1. Lea Filipenses 2.4–11.

A. ¿Qué relación ve entre los versículos 4 y 5?

B. ¿De qué forma nos guía Pablo en el versículo 5?

C. ¿Podría describir en una palabra la actitud de Cristo presentada en los versículos 6–11?

2. Lea Mateo16.24–25.

A. ¿Qué significa ir en pos de Jesús? ¿Qué se requiere para ello?

B. ¿Cómo tratamos de salvar nuestras vidas? ¿Cuál es el resultado?

C. ¿Cómo nos enseña Jesús a perder nuestras vidas? ¿Cuál es el resultado?

3. Lea Proverbios 29.25.

A. ¿Qué advertencia muestra este versículo?

B. ¿Qué reafirmación nos da este versículo?

C. ¿Cómo puede usted aplicar la enseñanza de este versículo en su vida? ¿Y en el trabajo? ¿Y en su comunidad?

Reavivar el entusiasmo

1. Piense en la porción ¡Sí, lo logré! **(Y)** de su S.T.O.R.Y. ¿Le motiva o estimula de algún modo la idea de hacer de Dios algo muy importante en su vida? De ser así, ¿cómo? Con vistas a la semana que viene ¿qué evento, o trabajo, o tarea consumirá probablemente la mayor parte de su tiempo? ¿Incorpora esa actividad a su «¡Sí, lo logré!»? ¿Qué puede hacer usted durante ese evento, o trabajo, o tarea, que ponga a Dios como lo más importante? ¿Cómo puede usted realizar esa actividad de forma que enfatice la reputación de Dios y no la suya?

2. Imagínese que Dios le hubiese escogido para ser el «padre adoptivo» terrenal de Jesús. ¿Sería usted un buen candidato para esa tarea? ¿Qué cualidades personales podrían causarle problemas? Haga una relación de sus puntos fuertes y sus debilidades como persona a quien Dios dio la tarea de criar a su Hijo. ¿Qué sugiere esta lista acerca de las áreas en las que usted podría necesitar ayuda?

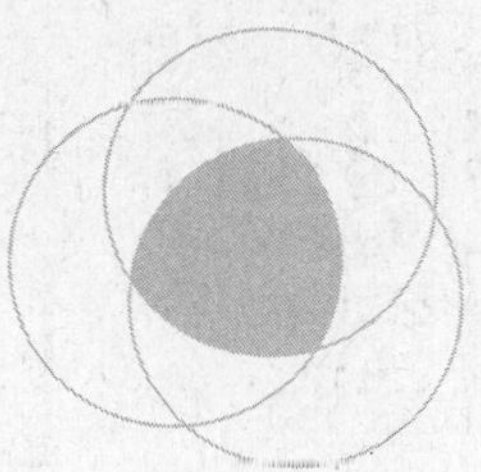

Asuma su trabajo y ámelo

Cura para la vida común: Capítulo 11

Revisar el diagnóstico

1. Dos trabajadores. Uno, entusiasmado. El otro, desgastado. El primero, fructífero. El segundo, fútil. ¿Con cuál se identifica usted?

   A. ¿Se describiría usted en su trabajo como entusiasmado o desgastado? Explique.

   B. Cuando trabaja, ¿se siente usted fructífero o fútil? Explique.

   C. ¿Qué cree que le impide sentirse más entusiasmado y fructífero en su trabajo?

2. Los ojos de Dios caen sobre el trabajo de nuestras manos. A Él le importan nuestros miércoles tanto como nuestros domingos. Él borra las fronteras entre lo secular y lo sagrado.

   A. ¿Cree usted que a Dios le importa su trabajo? Explique.

   B. ¿Cómo borra Dios las fronteras entre lo secular y lo sagrado?

   C. ¿Puede usted identificar lo secular y lo sagrado? Explique.

3. ¿Y si usted hiciera lo que hizo Pedro? ¿Llevarse a Cristo con usted al trabajo? ¿Invitarle a supervisar su jornada de ocho horas?
   A. Guiándose por esta premisa ¿cómo reestructuraría usted su jornada laboral?
   B. ¿Qué retos enfrentaría si actuara de esa manera?
   C. ¿Qué calificación recibiría de Cristo si se sentara hoy con usted a evaluarle como trabajador?

4. Si le lleva consigo, Dios puede hacer un jardín del pozo de aguas negras al que usted llama trabajo.
   A. ¿Describiría usted su trabajo más como un jardín o como un pozo de aguas negras? Explique.
   B. ¿Cómo cree que Dios podría mejorar la actitud suya hacia su trabajo?
   C. Si se dispusiera a llevar a Dios consigo a su trabajo, ¿qué cree que sería lo primero en cambiar?

5. Todo cambia cuando usted le ofrece su barca a Jesús.
   A. Piense en los cambios específicos que ocurrirían en sus relaciones con sus colegas si usted «le ofreciera su barca a Jesús».
   B. ¿Se resiste usted a ofrecerle a Jesús su barca? Explique.
   C. ¿Qué promete Jesús darle si usted le ofrece su barca?

Respetar la receta

1. Lea Lucas 5.1–11.
   A. ¿Por qué cree usted que Pedro, antes de obedecerle, le manifestó a Jesús sus objeciones a lo que le ordenó (v. 5)?

B. ¿Por qué cree que Pedro respondió como lo hizo en este versículo (v. 8)?

C. ¿Qué promesa le hizo Jesús a Pedro en el versículo 10?

2. Lea Colosenses 3.23–24.

A. ¿Para quién trabajamos en realidad, según el versículo 23?

B. ¿Cómo se supone que afecte este cambio de perspectiva la manera en que trabajamos?

C. ¿Qué promesa se nos hace en el versículo 24 que nos motiva a seguir las instrucciones del versículo 23?

3. Lea el Salmo 90.17.

A. ¿Qué bendición reclama Moisés aquí? ¿Ha reclamado esta bendición para usted? ¿Por qué?

B. ¿Qué petición hace Moisés dos veces? ¿Por qué la reitera?

C. ¿Cree usted que Dios está involucrado en sus éxitos como trabajador? ¿Por qué?

Reavivar el entusiasmo

1. Revise los resultados de la porción de Condiciones óptimas **(O)** de su S.T.O.R.Y.: «dónde» y «cuándo» disfruta más trabajar. ¿Se ajusta su trabajo actual a estas condiciones óptimas? De no ser así, ¿en qué grado se acerca a ellas? De ser posible, ¿qué podría usted hacer para que sus condiciones de trabajo se acercaran más a dichas condiciones óptimas? ¿Podría hablarle del tema a su jefe o supervisor? ¿Hay algo que pueda hacer por sí mismo? Seguramente puede hablarlo con el Señor. Haga del tema el foco de sus oraciones la próxima semana. Pídale al Señor que le ayude a ser más efi-

caz y pleno en su trabajo, y que le recuerde a diario que en realidad usted trabaja para Él. Si todavía no lo ha hecho, entréguele su vida laboral y dispóngase a un cambio, si Él le orientara en ese sentido.

2. Escriba en unas tarjetas lo que dice en Colosenses 3.17 o Colosenses 3.22–24 y lléveselas al trabajo. Guárdelas en su bolsillo o póngalas en su escritorio o estación de trabajo y léalas varias veces al día para que le recuerden esa verdad. Al cabo de una semana, evalúe si su actitud hacia el trabajo está cambiando.

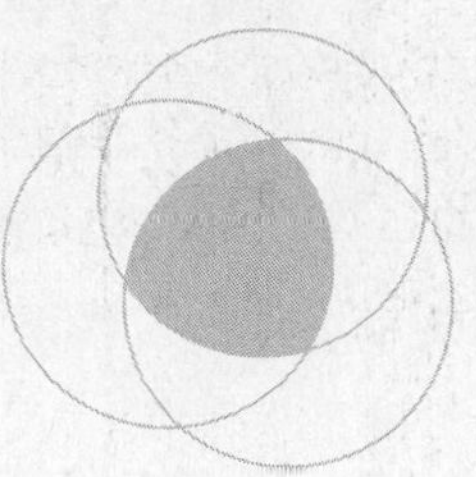

Pausas intencionales

Cura para la vida común: Capítulo 12

Revisar el diagnóstico

1. Los dos jugadores se habían escapado del partido. ¿Cuánto tiempo hace que usted hizo lo mismo? Deberá hacerlo para mantenerse centrado en su punto óptimo. El diablo está determinado a dejarle sin fuerzas. Necesitamos volver a calibrarlas periódicamente.

    A. ¿Cuánto tiempo ha transcurrido desde que usted «se escapó del partido» por última vez?

    B. ¿En que áreas de su vida es más probable que sea usted privado de sus fuerzas?

    C. ¿Cómo puede volver a calibrarlas? ¿Con qué frecuencia lo hace intencionalmente?

2. Jesús desconcertó a los expertos en relaciones públicas colocando en el espejo retrovisor a la multitud y escapando a una reserva natural, una cueva oculta, un edificio vacío, *un lugar desierto.*

A. ¿Porque piensa que Jesús solía escaparse de las multitudes que le necesitaban?

B. ¿Por qué escogía Jesús irse a un lugar desierto?

C. Si sus circunstancias no le permiten un escape literal, ¿cómo podría crear usted un «lugar desierto» donde se encuentra?

3. Existo para reflejar a Dios por medio de una predica clara e historias conmovedoras.

Entonces él me hizo la pregunta que me desarmó. «¿Refleja su calendario su pasión?»

A. ¿Para qué existe usted? ¿Cómo describiría en una oración su misión en la vida?

B. ¿Refleja su calendario su pasión?

C. Si su calendario no refleja su pasión, ¿qué puede hacer a partir de hoy para cambiarlo?

4. Ahora tengo un bastón y un sombrero de ala ancha, mi sombrero favorito. Un cercano parque natural conoce el peso de mis pasos. En la clase de las pausas soy un estudiante rezagado, pero mis calificaciones están mejorando.

A. ¿Cuál es la promesa que se encierra en hacer una «pausa» intencional?

B. ¿Están mejorando sus calificaciones en «la clase de las pausas»?

C. ¿Qué es lo que con más frecuencia le impide hacer una pausa como debería?

5. Siga a Jesús al desierto. Mil y una voces, como micos desde las copas de los bananos, le gritarán que no vaya. Ignórelas, imítelo a Él.
   A. ¿Dónde se encuentra su «desierto»? ¿Por qué lo escogió?
   B. ¿Quién, probablemente le gritará como un mico desde lo alto de un banano para urgirle a que no siga a Jesús?
   C. ¿Qué puede hacer usted para asegurar que ignorará a los gritones e imitará a Jesús?

Respetar la receta

1. Lea Marcos 6.30–32.
   A. ¿Qué problema potencial confrontó Jesús en este pasaje?
   B. ¿Cuál fue su receta para resolver el problema?
   C. Describa algún momento en que usted haya «respetado la receta»

2. Lea Lucas 4.38–44.
   A. Describa el escenario del ministerio que se muestra aquí. ¿Qué sucedía?
   B. ¿Cuándo se tomaba Jesús un descanso en su ministerio? ¿Qué era lo que hacía?
   C. ¿Cómo respondía Jesús a las demandas de la gente? ¿Qué nos dice esto sobre nuestros propios horarios y las demandas que enfrentamos?

3. Lea Lucas 5.16.
   A. ¿Qué práctica regular de Jesús se describe aquí?

B. ¿Con qué frecuencia recurría Jesús a esta práctica?

C. ¿Qué le sugiere este versículo acerca de su propio horario?

Reavivar el entusiasmo

1. Al revisar su S.T.O.R.Y., ¿aparece por alguna parte el tema de las pausas y el descanso? ¿Se siente usted a menudo cansado? ¿Exhausto? ¿«Quemado»? ¿Se toma algún tiempo para rejuvenecer su cuerpo, su alma y su mente? Dedique un tiempo a estudiar su actual rutina de descanso. Durante el próximo mes, lleve un breve diario donde asentará con qué frecuencia descansa, qué tipo de descanso se concede, cuánto dura, y cómo se siente después de descansar. Al cabo de ese mes, estudie su diario e identifique sus actuales hábitos de descanso. ¿Descansa lo suficiente? ¿Se da el tipo de descanso adecuado? ¿Le ayuda a reponer las energías para el trabajo? Pida a su esposa o a su mejor amigo que revisen el diario con usted, y discuta con ellos sus hallazgos y cualquier cambio que crea debe hacer.

2. Haga un estudio sobre el concepto del «Sabbath» en la Biblia. ¿Qué le enseña el Sabbath? ¿Quién lo inició? ¿Por qué? ¿Qué sucedió cuando el pueblo de Dios empezó a violarlo regularmente? ¿Por qué?

CONFÍE EN LOS ACTOS PEQUEÑOS

Cura para la vida común: Capítulo 13

Revisar el diagnóstico

1. Piense en un lector en la encrucijada. Uno recientemente impactado por Dios, quizás por medio de este libro. La chispa divina en su interior está empezando a arder. ¿Deberá usted apagarla o avivarla? ¿Se atrevería a soñar que usted puede hacer una diferencia? La respuesta de Dios sería: «Haz algo y mira a ver qué pasa».

   A. ¿Cree usted que puede hacer una diferencia donde Dios le ha situado? Explique.

   B. Piense en grande. ¿Cómo podría utilizar sus dones para afectar el reino de Dios?

   C. ¿Cómo podría avivar la llama en su corazón para hacer realidad esos sueños?

2. Frente a un gigante, un canto rodado parece inútil. Pero Dios lo utilizó para derribar a Goliat. Comparadas con los diezmos de los ricos, las monedas de una viuda parecían nada. Pero Jesús las usó para inspirarnos.

A. ¿A qué gigante está enfrentando usted hoy? ¿Qué cantos rodados tiene a su disposición para atacarlo?

B. ¿Le inspira la donación de las monedas por parte de la viuda? De ser así, ¿cómo? De no ser así, ¿por qué?

C. ¿Cómo podría orar hoy a fin de estar preparado para la(s) obra(s) poderosa(s) que Dios podría hacer mañana por mediación suya?

3. Las pequeñas obras pueden cambiar el mundo. Plante un grano de mostaza. Oculte en la harina los grumos de levadura. Haga esa llamada. Escriba el cheque. Organice el comité. Deje caer goma de mascar desde su avión. Dentro de 60 años otro soldado podría seguir su ejemplo.

A. ¿Qué llamada podría hacer o qué cheque podría escribir *hoy* para hacer una gran diferencia en la vida de otra persona?

B. ¿Cuáles pequeñas obras del pasado le han animado e inspirado a usted?

C. ¿Qué ejemplo podrá dejar usted a los demás?

4. Moisés tenía un cayado. David tenía una honda. Sansón tenía una quijada. Rahab tenía una cuerda. María tenía algo de ungüento. Aarón tenía una vara. Dorcas tenía una aguja. Todos fueron utilizados por Dios. Y usted ¿qué tiene?

A. Donar comida a un banco de alimentos, darle a alguien un abrazo, enviar a una misión Biblias o materiales de estudio: ¿Qué presentes tangibles puede usted compartir?

B. Describa algún momento en el que crea haber sido usado por Dios.

C. ¿Cómo puede animar a otros a usar lo que tienen por la causa de Dios?

5. Dios cura la vida común ofreciéndonos una vida y unos dones que no son comunes.

A. ¿Está usted de acuerdo con esta afirmación? ¿Por qué?

B. ¿Cómo encontraron Halvorsen y Chief Wiggles la cura para la vida común?

C. Describa una obra aparentemente ordinaria e insignificante que alguien haya hecho por usted, y su significación para su vida.

Respetar la receta

1. Lea Zacarías 4.10.

A. ¿Por qué menospreciamos con frecuencia el día de las pequeñeces?

B. ¿Qué tiene de malo menospreciar el día de las pequeñeces?

C. ¿Cómo podemos evitar menospreciar el día de las pequeñeces?

2. Lea Mateo 13.31–33.

A. ¿En qué es el reino de Dios semejante a un grano de mostaza?

B. ¿En qué es el reino de Dios semejante a la levadura?

C. Describa a alguien que conozca, cuyo grano de mostaza haya sido multiplicado por Dios.

3. Lea Lucas 16.10–12.

   A. ¿Qué principio básico describe Jesús en el versículo 10?

   B. ¿Por qué es tan crucial para su futuro serle fiel a Dios en lo poco?

   C. Identifique la advertencia o amenaza implícita en los versículos 11 y 12. ¿Cómo le afecta a usted esta advertencia o amenaza?

Reavivar el entusiasmo

1. Piense en los relatos en los que se basó para desarrollar su S.T.O.R.Y. ¿Cuáles «pequeñas obras» utilizó Dios para conducirle a alguna experiencia de éxito o de gozo? ¿Cómo utilizó Él estas pequeñas cosas? Lo cierto es que a menudo hallamos patrones no solo en las formas en que se desarrollan nuestras vidas, sino también en aquellas que Dios escoge a menudo para tratar con nosotros. ¿Percibe algún patrón en la forma en que Dios ha utilizado las cosas pequeñas para impactarle a usted y a los que les rodean? Escriba una relación de todas las cosas menudas que pueda recordar, y describa luego cómo le impactaron a usted y a sus seres queridos. Utilice todas las páginas que sean necesarias. Una vez que haya finalizado este ejercicio, medite acerca de ello durante varios días, y luego empiece a buscar cómo desearía Dios usar otras pequeñas cosas en su vida para Su gloria y para beneficio de usted. Ore para que Él le abra los ojos y le motive a actuar.

2. Trate de recordar a aquellas personas que en su vida le fueron fieles en lo poco y que parecen haber sido recompensadas por Dios con mayores responsabilidades. Dedique un tiempo a conversar con dos o tres de ellas. ¿Qué puede aprender de sus experiencias?

DECODIFIQUE EL CÓDIGO DE SU HIJO

Cura para la vida común: Capítulo 14

Revisar el diagnóstico

1. Las madres y los padres enfrentan una decisión. ¿Haremos a nuestros hijos según nuestra imagen? ¿O les dejaremos asumir las identidades que Dios les ha dado?

   A. ¿Se siente usted tentado a formar a sus hijos según su propia imagen? Explique.

   B. ¿Cómo puede ayudar a sus hijos a encontrar sus puntos óptimos?

   C. ¿Cuál es la mejor manera de dejar que sus hijos se ciñan a las identidades que Dios les ha dado?

2. Ver a cada hijo como un libro, no para escribirlo, sino para leerlo.

   A. ¿Qué le dice a usted este consejo?

   B. ¿Qué ha leído hasta ahora en el libro de cada uno de sus hijos?

   C. ¿Cómo ha reaccionado a lo que ha leído?

3. Dios diseñó por anticipado los circuitos de su hijo. Prefiguró sus fuerzas. Le colocó en una trayectoria. Y le entregó a usted un proyecto investigativo a realizar en 18 años. Pregúntese, pregunte a su esposa y a sus amigos: ¿qué es lo que diferencia a este niño? Las tendencias en la infancia prefiguran las capacidades adultas.

   A. ¿Qué caracteriza a cada uno de sus hijos? ¿De qué manera son individuos distintos?

   B. ¿Cómo ha respondido usted a las personalidades singulares de cada uno de sus hijos?

   C. ¿Qué parecen indicar los actuales rasgos e intereses de sus hijos sobre sus posibles futuros?

4. ¿Y sus hijos? ¿Conoce usted sus corazones? ¿Cuál es su S.T.O.R.Y.?

   A. ¿Cómo describiría usted el corazón de cada uno de sus hijos?

   B. ¿Qué le sugiere el S.T.O.R.Y. de cada uno de sus hijos en cuanto a cómo prepararlo mejor para el futuro?

   C. Si no cree tener un buen dominio de cada S.T.O.R.Y. de sus vástagos, ¿qué puede empezar a hacer desde *hoy* para mejorarlo?

5. Estudie a sus hijos mientras puede. El mayor regalo que puede hacerles no son sus tesoros, sino ayudarles a revelar los propios.

   A. Si usted fuera a escribir la historia de su hijo ¿qué título le pondría?

   B. ¿Qué tesoros identifica en cada uno de sus hijos?

C. ¿Cómo les ha expresado usted a sus hijos su deleite por sus tesoros individuales?

Respetar la receta

1. Lea Proverbios 22.6.

   A. Describa un uso popular, pero incorrecto, de este versículo.

   B. ¿Cuál es su responsabilidad como padre?

   C. ¿Cuál es la responsabilidad de su hijo? ¿Cómo se interceptan ambas?

2. Lea Efesios 6.4

   A. ¿De qué advierte a los padres este versículo?

   B. ¿Qué sugiere hacer a los padres este versículo?

   C. ¿Cómo puede usted cumplimentar este versículo en el seno de su familia?

3. Lea 1 Tesalonicenses 2.7, 11–12.

   A. ¿Qué símil utiliza Pablo en el versículo 7? ¿Por qué cree que utilizó este símil?

   B. ¿Qué símil utiliza en el versículo 11? ¿Qué nos comunica?

   C. ¿Cómo funcionan en conjunto estos dos símiles a fin de enseñarnos la mejor manera de preparar a nuestros hijos para el futuro?

Reavivar el entusiasmo

1. Dedique un tiempo a confeccionar un S.T.O.R.Y. preliminar para cada uno de sus hijos. Al margen de sus edades, piense en relatos específicos de sus vidas que parezcan ilustrar:

- Sus puntos fuertes **(S)**: lo que hacen naturalmente para lograr aquello que les gusta.
- Sus temas **(T)**: aquellas cosas en que prefieren trabajar.
- Sus condiciones óptimas **(O)**: dónde y cuándo se sienten mejor trabajando.
- Sus relaciones **(R)**: cómo parecen preferir relacionarse con los demás.
- Sus ¡Sí, lo logré! **(Y)**: los principales resultados que les producen la mayor satisfacción y gozo.

2. Procure encontrar oportunidades para elogiar a sus hijos individualmente, y en formas específicas, proporcióneles a ellos y a sus dones únicos lo que les motive a procurar la voluntad de Dios para sus vidas. Si usted tiende a ser crítico con ellos, hágase el propósito de elogiar a sus hijos en formas específicas por lo menos tres veces más de lo que los critique. Lleve la cuenta si fuera necesario.

NO SE SIENTA DEMASIADO GRANDE PARA HACER ALGO PEQUEÑO

Cura para la vida común: Capítulo 15

Revisar el diagnóstico

1. *Ahí la tienes, Max, una imagen de mi plan. Hagan todo lo que puedan para empujarse unos a otros hacia la cima.*

   A. ¿Cómo han ayudado otros a empujarle a usted hacia la cima?

   B. ¿Cómo ha ayudado usted a empujar a otros hacia la cima?

   C. ¿De qué manera es usted más eficaz empujando a otros hacia la cumbre?

2. La cura de Dios para la vida común incluye una fuerte dosis de servidumbre.

   A. Describa cómo es en su opinión la servidumbre.

   B. ¿Cómo sirve usted en su hogar? ¿En el trabajo? ¿En la iglesia?

   C. ¿Cómo ayuda la servidumbre a curar la vida común?

3. Muy pocos puntos óptimos admiten un cambio de pañales a las tres de la madrugada. Pocos S.T.O.R.Y contemplan entre los puntos fuertes la habilidad para limpiar un garaje. Tal vez a usted no le nace visitar a un vecino enfermo. Y sin embargo, el enfermo necesita estímulo, los garajes necesitan limpieza, y cambiar los pañales resulta perentorio.

   A. ¿Qué es lo que más le tienta a no servir a su prójimo?

   B. ¿Cuándo se siente más recompensado sirviendo a otros?

   C. ¿Qué área de servicio que haya descuidado viene ahora a su mente?

4. Independientemente de sus puntos fuertes, su entrenamiento, o su posición en la iglesia, usted puede... Amar a los ignorados... Levantar bandera blanca... Hacer cada día algo que no quiera hacer.

   A. ¿Quién en su vida es ignorado y necesita su amor hoy mismo?

   B. ¿En qué área de su vida necesita más «levantar bandera blanca»?

   C. ¿Qué podría usted hacer hoy que realmente no le gusta, pero que probablemente debe hacer?

5. La cabra que iba subiendo se postró sobre el camino. La otra se echó sobre el trasero. El primer animal se puso entonces en pie y continuó subiendo hacia la cima. Zwingli observó que esta cabra llegó más alto porque estuvo dispuesta a humillarse más.

   A. ¿En qué formas necesita usted humillarse más a fin de llegar más alto?

B. ¿Por qué es tan difícil para la mayoría de nosotros humillarnos más?

C. ¿Por qué cree que la sumisión y la humildad son tan importantes para Dios?

Respetar la receta

1. Lea 1 Pedro 4.10.

A. ¿Cómo utiliza usted sus dones para demostrar los muchos rostros que tiene la gracia de Dios?

B. ¿Cómo puede usted usar estos dones para servir a otros?

C. ¿Cómo cambia su perspectiva al considerar los dones que Dios le ha dado como expresiones de su gracia?

2. Lea Marcos 10.42–45.

A. ¿Qué modelo de liderazgo condena Jesús en el versículo 42?

B. ¿Qué principio general del liderazgo aprueba Él en los versículos 43–44?

C. ¿De qué maneras practicas demostró Jesús esta enseñanza en su propia vida?

3. Lea Gálatas 5.13–14.

A. ¿Cómo se relacionan la libertad cristiana y la servidumbre cristiana?

B. ¿Cómo es posible servirse unos a otros, pero no por amor? ¿Cómo luciría esto?

C. ¿Cómo se relaciona la servidumbre con este mandamiento de amar al prójimo como a sí mismo?

Reavivar el entusiasmo

1. Considere una vez más el componente relaciones **(R)** de su S.T.O.R.Y. ¿Cómo prefiere usted relacionarse con los demás? ¿Les está sirviendo? ¿Reconocerían ellos lo que usted hace como un servicio? Al servirles, ¿cómo caracterizaría usted su actitud? ¿Agradecida? ¿Jubilosa? ¿Agria? ¿Resentida? ¿Un deber? ¿Un gozo? ¿Cómo podría usted servir a estos individuos en otras formas en que actualmente no les está sirviendo? Piense en dos o tres maneras en las que podría servir a estos hombres y mujeres. Luego, implemente por lo menos una de ellas en las próximas dos semanas.

2. Memorice Gálatas 5.13 en su traducción favorita de la Biblia. Haga pausas frecuentes a lo largo del día, bien para practicarlo en su mente o para decirlo en voz alta. Haga de esto el foco de sus meditaciones, por al menos una semana. Luego empiece a pensar en maneras de ponerlo en práctica en su vida diaria.

3. Arthur F. Miller Jr. y William Hendricks, *The Power of Uniqueness: How to Become Who You Really Are* (Grand Rapids: Zondervan, 1999), p. 21.

NOTAS

Capítulo 1: Su lugar (¡Usted tiene uno!)

1. Frederick Dale Bruner, *Matthew: A Commentary*, vol. 2, *The Churchbook: Matthew 13–28,* (Word, TX, 1990), p.902.
2. Martin Buber, *The Way of Man, According to the Teaching of Hasidism,* (Routledge Classics, London, 1994), vi. El teólogo judío Martin Buber escribe: «El mundo es una irradiación de Dios, pero como está dotado de una existencia y gestión independiente, está apto, siempre y en todas partes, para crearse una corteza a su alrededor. Así, *una chispa divina* vive en cada ser y objeto, pero cada una está encerrada en una concha aislante. Sólo el hombre puede liberarla y reunirla con el Origen: manteniendo una relación santa con el objeto y utilizándolo de santa manera. O sea, de modo que su intención al hacerlo permanezca dirigida hacia la transcendencia de Dios. Así podrá la divina inmanencia emerger del exilio de las "conchas"» (el énfasis es mío).
3. Red,White & Blue Students to Present Check to NYC Police, Firemen, 9 de nov. Texas A&M University, http://www.tamu.edu/univrel/aggiedaily/news/stories/01/110201-10.

Sección primera: Ponga en acción su singularidad

1. George Washington Carver, citado por Paul G. Humber, GodCreatedThat.com, http://www.godcreatedthat.com/Page5.html.

Capítulo 2: Desempaque sus maletas

1. Oficina de Estadísticas Laborales de EE.UU, 1998.
2. Instituto Nacional de Seguridad y Salud Ocupacional, «Stress at Work», http://www.cdc.gov/niosh/stresswk.html.
3. Arthur F. Miller Jr. y William Hendricks, *The Power of Uniqueness: How to Become Who You Really Are* (Grand Rapids: Zondervan, 1999), p. 21.
4. Galinsky, Kim, y Bond, *Feeling Overworked,* p. 11.
5. Nicholas Lore, *The Pathfinder: How to Choose or Change Your Career for a Lifetime of Satisfaction and Success,* (Simon & Schuster, NY, 1998), p. 11.
6. Instituto Nacional de Seguridad y Salud Ocupacional, «Stress at Work».
7. Søren Kierkegaard, *Purity of Heart Is to Will One Thing: Spiritual Preparation for the Office of Confession,* 140, citado en la obra de Arthur F. Miller Jr. con

WilliamHendricks, *The Power of Uniqueness: How to Become Who You Really Are,* (Zondervan, MI, 1999), p. 251.
8. Miller with Hendricks, *The Power of Uniqueness,* p. 30.
9. Charles R. Swindoll, *The Tale of the Tardy Oxcart and 1,501 Other Stories,* (Word Publishing, TN, 1998), pp. 321–22.

Capítulo 3: Lea su vida al revés

1. William Wordsworth, "My Heart Leaps Up When I Behold," Bartelby.com, http://www.bartleby.com/106/286.html.
2. Arthur F. Miller Jr. con William Hendricks, *The Power of Uniqueness: How to Become Who You Really Are* (Grand Rapids: Zondervan, 1999), p. 46.
3. William Martin, *A Prophet with Honor: The Billy Graham Story* (New York: William Morrow and Company, 1991), p. 71.
4. Martin, *A Prophet with Honor,* p. 57.
5. Nombre ficticio.
6. Santo Tomás de Aquino, *Summa Teologica,* citado en Miller con Hendricks, *The Power of Uniqueness,* p. 250.
7. Cualquier instrumento de medición tiene un alcance limitado. Intenta poner la personalidad en un marco, caja o grupo. Si cada persona funciona de manera única, un examen requeriría crear una categoría para cada ser humano, y nadie puede ofrecer esto.
8. Los dones relacionados en el Nuevo Testamento deben verse, a mi juicio, como muestras. Si fuesen concluyentes, ninguna ide las primeras iglesias pudo haber visto la lista completa. Roma vio una parte, Corinto, otra, y el público de Pedro, una tercera. Una opción mejor es ver estos listados como ejemplos de habilidades espirituales. Se debe entonces tener cautela con los inventarios de dones espirituales. Pueden *sugerir* una combinación de dones, pero no definirla.

Capítulo 4: Estudie su H.I.S.T.O.R.I.A.

1. He aquí la canción tema:

   Vengan a participar en la CA-RRERA
   A buscar su LU-GAAR.
   Su valija tiene PIS-TAS,
   Empacadas Para US-TEDES.

   De acuerdo, escribir canciones tema no es mi punto óptimo.
2. Robert Plomin, J. C. DeFries, y G. E. McClearn, *Behavioral Genetics: A Primer,* W. H. Freeman, NY, 1990, p. 314, citado en James Hillman, *The Soul's Code: In Search of Character and Calling,* Random House, NY, 1996, p. 137.
3. Monica Furlong, *Merton: A Biography,* Harper Collins, San Francisco 1980, p. 225.
4. Arthur F. Miller Jr. con William Hendricks, *The Power of Uniqueness: How to Become Who You Really Are,* Zondervan, MI, 1999, p. 55.
5. Mi agradecimiento a Rick Burgess y Bill «Bubba» Bussey del programa *Rick and Bubba Show* en Birmingham, Alabama, por su autorización para usar esta historia.

Capítulo 5: No consulte a su avaricia

1. Linda Kulman, "Our Consuming Interest," *U.S. News & World Report,* 28 de junio–5 de julio, 2004, p. 59.
2. Bob Russell con Rusty Russell, *Money: A User's Manual,* Multnomah Publishers, Sisters, Oregon, 1997, p. 82.
3. Larry Burkett, *Using Your Money Wisely: Gudlines from Scripture`,* Moody Press, Chicago, 1986, p. 76.
4. Kulman, «Our Consuming Interest». p. 59.
5. Epicuro, Citas GIGA, http://www.gigausa.com/quotes/authors/epicurus_a001.htm.
6. Russell con Russell, *Money, pp.* 50–51.
7. Paul Lee Tan, *Encyclopedia of 7,700 Illustrations: Signs of the Times,* Assurance Publishers, Rockville, MD: 1979, p. 273, #839.
8. Russell con Russell, *Money,* p. 69.

Capítulo 6: Corra grandes riesgos por Dios

1. Frederick Dale Bruner, *Matthew: A Commentary,* vol. 2, *The Churchbook: Matthew 13–28,* Word, Dallas, TX, 1990, p. 902.
2. Bruner, *Matthew,* p. 902.
3. C. S. Lewis, *Letters to Malcolm Chiefly on Prayer: Reflections on the Intimate Dialogue between Man and God,* Harcourt Inc., San Diego, 1964), p. 69.

Capítulo 7: Venga al punto óptimo del universo

1. «Italian Pensioner Seeks Adoption», BBC News, Edición británica, http://www.newsbbc.co.uk/2/hi/europe/3685952.stm.
2. Greg Bensinger, «Gimme a Hug! The 'Cuddle Party' Is New York's Newest Feel-Good-About-Yourself Fad». New York Daily News, http://www.nydailynews.com/front/story/211251p-181992c.html.
3. Allaahuakbar.net, «Shirk: The Ultimate Crime», http://www.allaahuakbar.net/ shirk/crime.htm.
4. ¿Me permiten apludir a aquellos de ustedes que han entregado sus vidas a Cristo? ¡Ahora pertenecen a Él! «El que cree en el Hijo tiene vida eternal» (Juan 3:36). Al comenzar su nueva vida, recuerde la importancia deestas tres cosas: bautismo, Biblia y pertenencia. El bautismo demuestra y celebra nuestra decisón de seguir a Jesús. (Ver 1 Pedro 3.21.) La lectura habitual de la Biblia guía y afinca el alma. (Ver Hebreos 4.12.) Pertenecer a la familia de una iglesia nos pone en contacto con los demás Hijos de Dios. (Ver Hebreos 10.25.)

Capítulo 9: Súmese a la familia de los amigos de Dios

1. «Best Friends for Decades Turn Out to Be Brothers», Channel 8 News, http://www.newschannel8.com/global/story.asp?s=599530&ClientType.
2. Estas palabras aparecen en la versión en inglés New Century.
3. C. S. Lewis, Thinkexist.com, http: //en.thinkexist.com/search/searchQuotation.asp?search=friendship+is+born+.

4. John MacArthur Jr., *The MacArthur New Testament Commentary: Ephesians,* Moody Press, Chicago 1986), p. 152.
5. Juan 13.34; Romanos 12.10; 16.17; Gálatas 6.2; Hebreos 3.13; Santiago 5.16; Hebreos 13.2.

Capítulo 10: Deshágase de su reputación

1. Scot McKnight, *The Jesus Creed: Loving God, Loving Others,* Paraclete Press, Brewster, MA, 2004), p. 77.
2. La confesión de fe judía, que comprende Deuteronomio 6.4–9; 11.13–21; Números 15.37–41.

Sección Tercera: Cada día de su vida

1. John C. Maxwell, *The 21 Indispensable Qualities of a Leader: Becoming the Person Others Will Want to Follow,* Thomas Nelson Publishers, Nashville, 1999), pp. 16–18.

Capítulo 11: Asuma su trabajo y ámelo

1. Rick Warren, *Growing Spiritually at Work,* pt. 1 of *Beyond Success to Significance,* audiotape from Encouraging Word, PO Box 6080-388, Mission Viejo, CA 97690.
2. Dan Miller, *48 Hours to the Work You Love,* Broadman & Holman Publishers, Nashville, 2005), p. 48.
3. Michael Card, *The Life,* disco compacto, Sparrow, tarjeta insertada. Utilizado con autorización.
4. Haddon Robinson, "By the Sweat of Your Brow," pt. 2, *Preaching Today.com*: 5.

Capítulo 12: Pausas intencionales

1. Mi agradecimiento a Ernie Johnson Jr. por permitirme usar esta historia.
2. Mi agradecimiento a Richard Wellock (rmwellock@aol.com) por compartir sus experiencias en la exploración de los dones singulares de cada individuo y relacionarlos con la elección de carreras.
3. Richard J. Foster, *Celebration of Discipline: The Path to Spiritual Growth,* 20th edición del aniversario. HarperSanFrancisco, San Francisco, 1998, p. 15.
4. Eugene H. Peterson, *Working the Angles: The Shape of Pastoral Integrity* William B. Eerdmans Publishing Company, Grand Rapids, 1987, pp. 56–57.

Capítulo 13: Confíe en los actos PEQUEÑOS

1. «The Candy Bomber», http://www.konnections.com/airlift/candy.htm.
2. Frederick Dale Bruner, *Matthew: A Commentary,* vol. 2, *The Churchbook: Matthew 13–28,* Word, Dallas, 1990, p. 504.
3. Ben Stein, «How Can Someone Who Lives in Insane Luxury Be a Star in Today's World?» E! Online, www.eonline.com/Gossip/Morton/Archive/2003/031220.html.
4. Elmer Bendiner, *The Fall of Fortresses: A Personal Account of the Most*

Daring—and Deadly—American Air Battles of World War II, G. P. Putnam's Son's, New York, 1980, pp. 138–39.
5. «Chief Wiggles (2003, Operation Give)», Operation Give, www.operationgive.org.
6. John Wesley, BrainyQuote, http://www.brainyquote.com/quotes/quotes/j/johnwesley161632.html.

Capítulo 14: Decodifique el código de su hijo

1. Charles R. Swindoll, *You and Your Child,* Thomas Nelson Publishers, Nashville, 1977), p. 21.
2. R. G. Collingwood, *An Autobiography,* Oxford University Press, Oxford, 1939), pp. 3–4, citado en James Hillman, *The Soul's Code: In Search of Character and Calling,* Random House, New York, 1996), pp. 14–15.
3. Howard Reich, *Van Cliburn: A Biography,* Thomas Nelson, Nashville, 1993, citado en Hillman, *The Soul's Code,* p. 70.
4. John Ruskin, BrainyQuote, http://www.brainyquote.com/quotes/quotes/j/johnruskin147643.html.
5. Paul D. Colford, *The Rush Limbaugh Story: Talent on Loan from God,* St. Martin's Press, New York, 1993, p. 12, citado en Hillman, *The Soul's Code,* p. 106.
6. Omar N. Bradley Jr., y Clay Blair, *A General's Life: An Autobiography,* Simon and Schuster, New York, 1983, citado en Hillman, *The Soul's Code,* p. 105.
7. Golda Meir, *My Life,* Putnam, New York, 1975, pp. 38–39, citado en Hillman, *The Soul's Code,* p. 20.

Chapter 15: No se sienta demasiado grande para hacer pequeñas cosas

1. El nombre ha sido cambiado
2. Lynn Anderson, «Retrato de un Siervo», (sermón, fecha sin precisar).
3. Paul Lee Tan, *Encyclopedia of 7,700 Illustrations: Signs of the Times,* Assurance Publishers, Rockville, MD, 1979), pp. 1370–71, #6124.
4. M. Norvel Young with Mary Hollingsworth, *Living Lights, Shining Stars: Ten Secrets to Becoming the Light of the World,* Howard Publishing, West Monroe, LA, 1997), p. 7.
5. Young con Hollingsworth, *Living Lights, Shining Stars,* pp. 11–12.

Conclusión: Puntos óptimos: Dos personas que los encontraron

1. Richard E. Stearns, presidente, World Vision U.S., conversación personal.
2. Conversación personal con la estudiante Lori Neal.

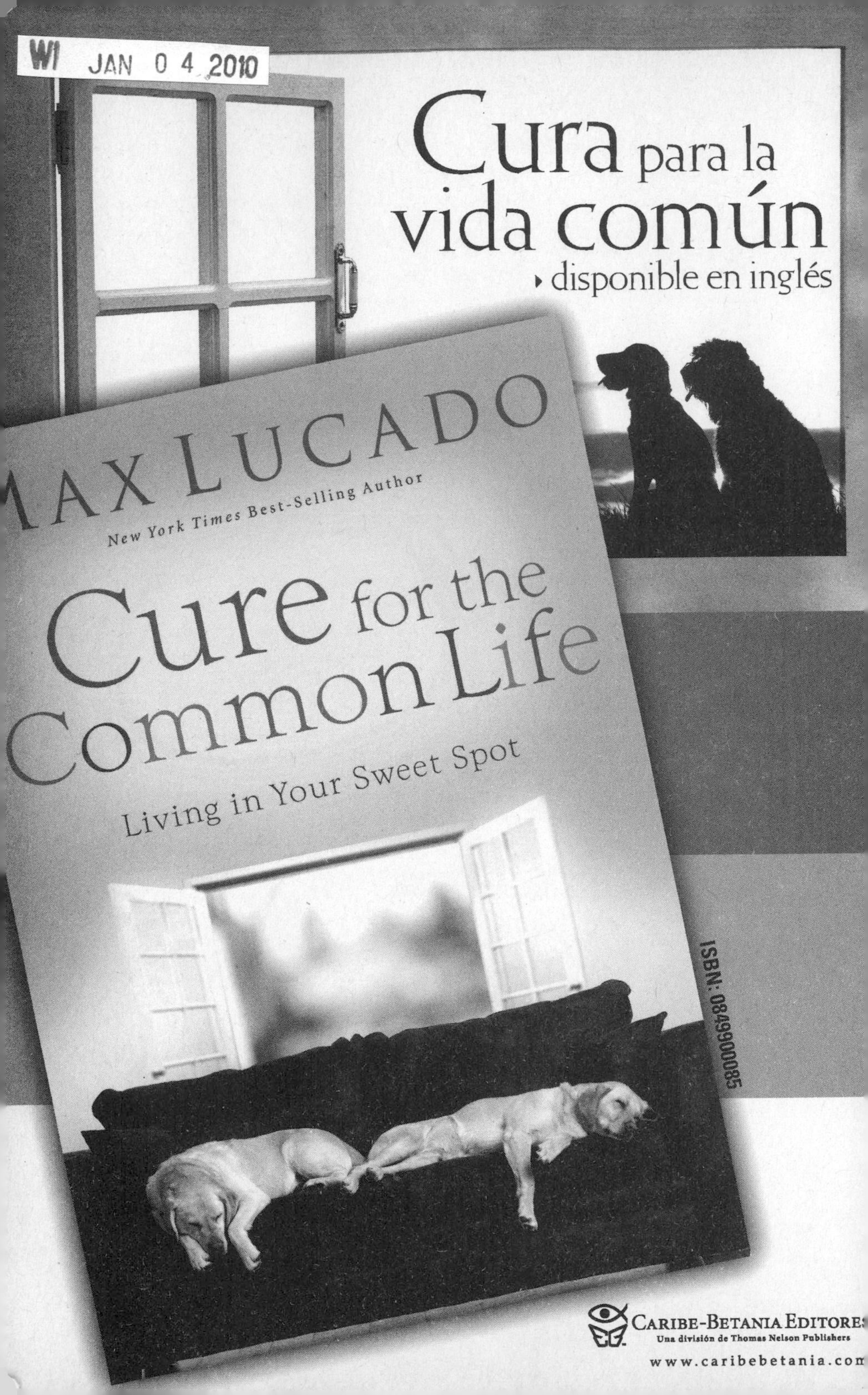
WI JAN 0 4 2010
Cura para la
vida común
disponible en inglés
MAX LUCADO
New York Times Best-Selling Author
Cure for the
Common Life
Living in Your Sweet Spot
ISBN: 0849900085
CARIBE-BETANIA EDITORES
Una división de Thomas Nelson Publishers
www.caribebetania.com